AF355062

Inteligencia directiva
Manual para liderar equipos

Inteligencia directiva
Manual para liderar equipos

Jaume Llopis Casellas

Colección: Gestiona
Director: David Soler

Inteligencia directiva. Manual para liderar equipos
1.ª edición, febrero 2024

© 2024, Jaume Llopis Casellas
© de esta edición, ICG Marge, SL

Edita: Marge Books
Brutau, 160 – 08203 Sabadell (Barcelona)
Tel. 931 429 486 – marge@margebooks.com
www.margebooks.com

Edición: Núria Gibert
Realización editorial: Mercedes Lara
Impresión: Safekat, SL (Madrid)

ISBN edición impresa: 978-84-19109-90-3
ISBN edición digital: 978-84-19109-91-0
Depósito Legal: B 3577-2024

El papel empleado en este libro no ha sido blanqueado con cloro elemental (CI_2).

Índice

Capítulo 4

El autor

 **Jaume Llopis,** profesor de IESE Business School entre 1992 y 2022, cuenta con una amplia experiencia en el sector de los bienes de consumo y en empresas familiares, y es un gran conocedor de los mercados en Europa, América y África. Ha publicado varios casos del IESE y notas técnicas, y ha organizado los Encuentros de Empresarios de Alimentación y Bebidas de IESE en España y de IPADE en México.

Profesionalmente ha ejercido como primer ejecutivo de importantes empresas y grupos como Agrolimen, Moulinex, Papelera Sarrió, Nestlé, AGF Unión-Fénix, Borges International Group y Galacteum. Asimismo, tiene una dilatada experiencia como miembro de más de 45 consejos de administración de empresas multinacionales y familiares en Europa y América Latina, entre ellas el Telefonica's Disruptive Council.

Es autor de numerosos libros e informes sobre las ciencias y el arte del *management* y, en concreto, de la dirección general, entre los que destacan *Dirigiendo y reinventando la empresa: 11 + 1 factores clave del* éxito *empresarial* (Gestión 2000, 2002), *Yo dirijo. La dirección del siglo XXI según sus protagonistas,* junto con Joan Enric Ricart y David Pastoriza (Deusto, 2007), *Management by lies. Mitos y mentiras en la dirección de empresas* (Deusto, 2009), *500 tuits para dirigir mejor* (Profit, 2018) y *Qué hacen los buenos directivos* (Pearson, 2013).

Es académico de la Real Academia Europea de Doctores, de la que es vicepresidente, y en la que participa activamente; de la Academia de Ciencias, Ingenierías y Humanidades de Lanzarote, y de la Real Academia de la Diplomacia del Reino de España.

Desde siempre le ha fascinado el mundo del fútbol del que nunca se ha desvinculado ya sea como futbolista profesional en su juventud, cuando lo compaginaba con sus estudios de empresariales, o como senador del FC Barcelona.

Actualmente combina la enseñanza con la consultoría, y es conferenciante y *coach*.

Prólogo

Siempre es una buena noticia la publicación de un nuevo libro del profesor doctor Jaume Llopis. Quienes le conocemos, sabemos con la pasión que emprende todo aquello que se propone. Fue en su juventud cuando se dedicó al fútbol profesional y así ha seguido siendo en toda su trayectoria —vital, docente, profesional—. En la actualidad puedo dar fe de su gran compromiso con la Real Academia Europea de Doctores, de la que es vicepresidente y miembro muy activo, aportando todo su bagaje y experiencia, con una carrera profesional excepcional, marcada por su incansable entrega a la investigación de vanguardia y su compromiso inquebrantable con la excelencia académica.

Dentro de su especialidad, la alta dirección, este libro da un paso más. No se trata solo de explicarnos cómo gestionar recursos, tomar decisiones, planificar y ejecutar estrategias en busca de la máxima eficiencia. No. Las páginas de este libro son un relato sobre los cambios acontecidos en las últimas dos décadas como sociedad, ya sea como CEO de una gran compañía, gerente, empleado o consumidor.

Referente indiscutible en el mundo empresarial, Jaume Llopis examina con rigor de dónde venimos, qué escuelas de pensamiento y teorías en torno al *management* nos preceden, para analizar con inteligencia qué retos plantea el liderazgo del siglo XXI.

Las organizaciones han experimentado más cambios en la primera década del siglo XXI que en las últimas cinco décadas del siglo XX. En los últimos años, a la globalización y sus consecuencias, el desarrollo científico o la permanente presencia de la tecnología, se han sumado grandes cambios en el marco empresarial como la optimización de procesos, la externalización o las fusiones de empresas, pero también se han multiplicado las posibilidades de desarrollar modelos de negocio innovadores que han supuesto una auténtica disrupción de los mercados tradicionales.

Tras un análisis ameno de cómo y por qué está cambiando nuestro entorno, el autor nos ofrece nuevos horizontes de reflexión y acción para comprender y hacer frente a todos estos cambios. Ante tales transformaciones, él nos advierte: los líderes, directivos y profesionales se enfrentan a dilemas; la brecha entre excelencia y mediocridad marcará la diferencia.

En el escenario actual juegan múltiples factores, muy bien descritos en el libro: empleados *millennials* y generación Z con su propia idiosincrasia laboral; clientes que reevalúan continuamente quién satisface mejor sus necesidades; productos y servicios con ciclos de vida cada vez más cortos; innovación con mayores riesgos, y un consumidor cada vez más crítico y comprometido con nuevos valores. En tales circunstancias, es vital contar con estrategias que logren organizaciones más ágiles, rápidas y flexibles. Él sintetiza en siete metas cómo conseguirlo.

En el replanteamiento de las funciones y atribuciones en la dirección general que nos presenta el profesor Llopis, me gustaría destacar el foco que pone en cuestiones como el desarrollo del talento y la importancia del capital humano para proporcionar oportunidades de crecimiento, mentoría y retroalimentación constructiva en los equipos; en cómo los nuevos CEO se orientan a lograr resultados sostenibles y éticos; el fomento de una cultura inclusiva y colaborativa en favor de la creatividad, la innovación y el rendimiento general de los equipos, y el necesario compromiso con la responsabilidad social.

En el último capítulo de *Inteligencia directiva. Manual para liderar equipos,* el autor concluye aportando las principales líneas de actuación para adecuar los estilos de liderazgo y las prioridades directivas en las organizaciones del siglo XXI.

La transformación de nuestro entorno, del escenario social y empresarial, está ahí. Muchas de las nuevas prácticas que propone Jaume Llopis aún no están plenamente desarrolladas, lo que hace aún más necesario este libro.

Les invito a adentrarse en la lectura, a reflexionar sobre los cambios que aquí se describen y a aprender, de la mano de quien conoce bien la dirección general por su dilatada trayectoria, las respuestas a los desafíos que plantea la alta dirección.

Alfredo Rocafort
Presidente de la Real Academia Europea de Doctores

Prefacio

En mi larga carrera profesional dirigiendo empresas de todo tipo y de diferentes sectores he conocido a centenares de empresarios y ejecutivos. Y siempre me ha interesado observar cómo dirigen: qué priorizan, cómo se relacionan con sus equipos, cómo distribuyen su tiempo… En definitiva, cómo es su estilo de dirección, y qué hace que unas personas tengan más éxito que otras al frente de las organizaciones que lideran.

En todos estos años también he podido constatar que la manera de dirigir ha ido cambiando al compás de los cambios que se han ido produciendo en la economía y en la sociedad. De hecho, esta evolución la he experimentado yo mismo durante 35 años como primer ejecutivo en sectores y empresas distintas, como Agrolimen, Moulinex, Nestlé, Papelera Sarrió, AGF Unión-Fénix, Borges International Group o Galacteum, entre otras.

Y la he observado también en los más de trescientos altos directivos que han pasado por el curso que desde el año 2005 llevamos impartiendo en el MBA de IESE Business School, dedicado precisamente a analizar qué hacen los mejores directivos que les distingue del resto. Hemos estudiado y discutido en clase sus estilos de dirección a partir de las conferencias que han dado los propios directivos, de las entrevistas que hemos mantenido con ellos y de los trabajos que han realizado los más de mil alumnos que han cursado la asignatura. A todo ello se añade más recientemente la investigación realizada con motivo de mi doctorado, tesis presentada en 2022 en la Universidad Ramon Llull, en Barcelona, y embrión del que nace este libro.

Con todo este bagaje, me decidí a escribir mi primer libro sobre este tema, titulado *Yo dirijo. La dirección del siglo XXI según sus protagonistas*, al que siguió otro publicado con el título de *Qué hacen los buenos directivos: el reto del siglo XXI*. En ambos analizábamos los estilos de dirección de líderes de empresas y sectores diversos, tratando de destilar la esencia de lo que debería ser el trabajo de un buen directivo. En estos años hemos aprendido que los estilos de dirección vienen condicionados por el sector, por el tipo de empresa y por las características personales de cada persona; pero también hemos descubierto que los mejores directivos, los que son capaces de capitanear sus equipos hacia la creación de un valor sostenible, tienden a compartir ciertas características comunes.

Sin embargo, desde la publicación del último libro han transcurrido unos años marcados por la aceleración y consolidación de una serie de cambios que han transformado significativamente tanto el entorno competitivo como las prácticas organizativas y de gestión de las empresas: la globalización, la digitalización, las innovaciones disruptivas, los cambios en los hábitos y preferencia de los consumidores, la transformación del rol de la empresa en la sociedad…

Mi percepción personal es que todas las disciplinas y actividades de las empresas han evolucionado mucho para adaptarse a las nuevas circunstancias: la tecnología, la producción, todos los eslabones de la cadena de valor, las operaciones, la comercialización, la logística, las finanzas, los canales de distribución, etc. Pese a ello, tengo la sensación de que lo que menos ha cambiado es precisamente lo más importante: la manera de dirigir. Muchos empresarios y directivos siguen con el reloj parado en épocas pasadas, no por brillantes menos desfasadas, liderando con prácticas y estilos de dirección que han quedado obsoletos, más propios de las organizaciones del siglo XX que de las empresas del siglo XXI. Necesitamos una revisión de los fundamentos sobre los que tradicionalmente se ha construido la idea de los que deberían ser los roles y prioridades esenciales e inherentes a la figura del director general o consejero delegado de una empresa. Y de ahí la decisión de embarcarme en un nuevo proyecto de investigación, del que son fruto estas páginas.

Este libro aporta a la ciencia de la dirección de empresas una visión nueva de lo que debe ser el líder empresarial en nuestros tiempos, con la esperanza de contribuir a que empresarios y ejecutivos puedan mejorar su manera de gestionar las empresas y de aportar valor a la sociedad.

Apasionante, enriquecedor y gratificante fue todo el proceso de recogida de datos que permitieron el análisis y las conclusiones que aquí se presentan. Incluso con una pandemia mundial de por medio, que lo trastocó todo, pude llevar a cabo entrevistas personales con directivos de primera línea sin demasiados problemas, dedicarme a elaborar y evaluar cuestionarios *online*, aprovechar los distintos confinamientos domiciliarios para consultar y analizar la bibliografía existente, revisar los trabajos de investigación de importantes instituciones y organismos, escuchar conferencias y pódcast de empresarios de éxito… Y además, disfrutarlo. Ahora, fruto de todo ese empeño, se publica esta obra que, a modo de guía, quiere ser una herramienta de conocimiento y práctica para nuestros dirigentes empresariales y para las jóvenes generaciones que acceden a puestos de responsabilidad. Espero que el lector también disfrute con su lectura.

Como colofón deseo agradecer a las personas que han contribuido a que esta publicación vea la luz. Al Dr. Alfredo Rocafort, amigo y compañero de la Real Academia Europea de Doctores (RAED), por su prólogo. A Núria Gibert, cuya experiencia como editora ha facilitado la viabilidad de este libro. Al equipo editorial de Marge Books por su profesionalidad. Especialmente, al Prof. Joan Enric Ricart y a los trescientos ejecutivos que han aportado su experiencia en las entrevistas personales, tanto presenciales como *online*. Y a mis más de mil alumnos en el MBA IESE.

Introducción

Han pasado más de cien años desde que Henri Fayol, considerado el padre de la administración moderna, identificara las funciones propias de la dirección general de empresas: planificación, organización, dirección, coordinación y control. Funciones que, a pesar de haber sido revisadas, corregidas y actualizadas por distintos teóricos y prácticos de la administración de empresas, como tendremos ocasión de ver en nuestra revisión de la literatura académica, todavía marcan la pauta en muchas organizaciones y resisten en la mentalidad de sus directivos.

Pero a nadie se le escapa que el entorno en que Fayol formuló sus funciones poco o nada tiene que ver con el que actualmente enfrentan las empresas. En estos cien años, las empresas se han globalizado, se han digitalizado, han transformado radicalmente sus operaciones industriales, han replanteado sus modelos de negocio y han adoptado tecnologías cuyo poder disruptivo difícilmente se puede comparar con los de otras revoluciones industriales. Los consumidores se han empoderado y los trabajadores se han emancipado. Y la sociedad ha aumentado su nivel de conciencia y compromiso con el impacto que todo ello tiene para las personas y para el planeta.

Casi todos estos fenómenos y su impacto en las organizaciones han sido ampliamente investigados y documentados. Sin embargo, el impacto de todas estas transformaciones de gran calado en el día a día del director general es un campo relativamente poco explorado. Existen algunos trabajos e investigaciones, casi siempre basados en encuestas a directivos, sobre cómo algunos cambios concretos pueden estar modificando las conductas de los directivos en determinadas áreas y funciones. Pero no un análisis global sobre la evolución de los roles, tareas, prioridades y estilos de liderazgo que sea capaz de concluir con una síntesis de las nuevas coordenadas de la dirección de empresas en el siglo XXI, como hiciera Fayol a principios del siglo XX o Drucker unas décadas más tarde, que puedan resultar útiles como referencia para los directores generales de hoy.

Es evidente que los cambios en el entorno competitivo en el que operan las organizaciones y los que las propias empresas, a su vez, han acometido para adaptarse a las nuevas circunstancias, están afectando a los roles y tareas que desempeñan los directivos de las compañías y, particularmente, a la alta dirección; nos referimos al conjunto de personas que ostentan el máximo nivel jerárquico en una organización y que desempeñan funciones ejecutivas y de liderazgo, ya sea el director general o consejero delegado, y los directores o máximos responsables de los distintos departamentos o áreas funcionales: finanzas, operaciones, comercialización, etc.

El término «alta dirección» (en inglés *top management*, *senior management* o, simplemente, *management)* no es un concepto universal y formalmente definido, pero su uso es comúnmente aceptado como equivalente al término anglosajón *C-Suite* o *C-Level*. Un término que se utiliza para designar al grupo de personas considerado más importante e influyente dentro de una compañía y que tiene su origen en los títulos de los máximos ejecutivos de las compañías, que tienden a empezar con la letra C de *chief* (jefe en inglés): *chief executive officer* o CEO (director general o consejero delegado), *chief operating officer* o COO (director de operaciones), *chief financial officer* o CFO (director financiero), etc.

Tal como mencionaba en el prefacio, las funciones y atributos que caracterizan la figura del director general están cambiando y, en consecuencia, también lo hacen las estrategias y prioridades directivas. En este libro veremos cómo y por qué están evolucionando hacia nuevos estilos y prácticas para adaptarse al nuevo contexto competitivo, y contrastaremos los roles, tareas y prioridades que han caracterizado el trabajo de la alta dirección a lo largo del siglo XX con los necesarios para dirigir organizaciones del siglo XXI.

Asimismo vamos a destilar la esencia del trabajo del director general en entornos cada vez más dinámicos, complejos y cambiantes, así como su necesaria adecuación a fenómenos globales y de gran calado como la propia globalización de la economía, el cambio tecnológico acelerado y la digitalización de todo tipo de procesos, las innovaciones disruptivas tanto en productos y servicios como en modelos de negocio, los cambios de hábitos y preferencias de consumidores y trabajadores, o la mayor sensibilización hacia problemáticas sociales como la protección del medio ambiente, la lucha por la igualdad de género o la inclusión de la diversidad. Todos esos cambios afectan al día a día de los altos directivos y obligan a adaptar su comportamiento a la nueva realidad.

Este libro está organizado en cuatro capítulos. Tras esta introducción, en el primero se expone de dónde venimos, es decir, qué escuelas de pensamiento, teorías, roles o estilos de dirección nos anteceden, conocimientos básicos para comprender mejor cómo abordar los cambios necesarios.

El segundo capítulo trata sobre las grandes transformaciones económicas, tecnológicas y sociales que más han contribuido a alterar las dinámicas competitivas de los mercados y qué impacto han tenido en las estrategias y prácticas organizativas y de gestión de las empresas.

El capítulo 3 nos da las pistas hacia ese nuevo liderazgo, gracias al análisis de las entrevistas realizadas a una muestra representativa de más de trescientos altos directivos, a lo largo de una década. Ellos respondieron a siete preguntas clave relacionadas tanto con el ejercicio de sus funciones como con sus relaciones con otras personas dentro y fuera de las organizaciones que lideran, para tratar de comprender por qué y cómo se producen.

En el cuarto capítulo sintetizaremos los retos de futuro en las siete propuestas estratégicas o metas fundamentales para adecuar los roles y prioridades de la alta dirección a las nuevas exigencias del panorama competitivo y a las tendencias que se imponen en la organización y gestión de las empresas.

Por último, un epílogo pone el punto final a un texto que nace con la voluntad de ser una guía práctica y punto de referencia para dirigir con éxito en entornos muy cambiantes, dinámicos y volátiles. La transformación ya está en marcha, solo nos queda comprenderla. Y para ello les invito a recorrer juntos este camino.

Inteligencia directiva
Manual para liderar equipos

1

Teoría y práctica directiva: ¿de dónde venimos?

En este capítulo abordamos el estado del arte sobre la práctica y la teoría directiva y sobre los roles y tareas que caracterizan el trabajo de la alta dirección. Lo haremos con un recorrido por la historia del *management*, para observar y describir la cronología, los hitos y las aportaciones más destacadas en el estudio de la práctica directiva y en el desarrollo de la gestión de empresas como disciplina académica.

Repasaremos las tesis e ideas de las escuelas y corrientes de pensamiento más influyentes para centrarnos, a continuación, en el análisis de los roles, tareas y prioridades que caracterizan el trabajo de la alta dirección. Tendremos ocasión de comprobar cómo han ido evolucionando a medida que ha ido aumentando el grado de complejidad de los negocios y la velocidad a la que se suceden los cambios en el entorno, transformando la función de la dirección general y los estilos de liderazgo.

Nos adentraremos así en la realidad de la gestión de empresas en los albores del siglo XXI, momento en que algunas voces sobradamente autorizadas (Drucker, Mintzberg, Moss Kanter, Kotter, Ghoshal y Bartlett, entre otros) empiezan a detectar señales de alerta sobre la necesidad de revisar y replantear algunas de las verdades generalmente aceptadas sobre qué significa dirigir empresas y sobre cómo abordar esa compleja tarea cuando el entorno se convierte en un elemento dinámico, cambiante y altamente volátil.

Pues eso es precisamente lo que ocurre en el contexto del inminente cambio de siglo. Algunas de las grandes transformaciones empezaron a gestarse en décadas previas —la internacionalización, el cambio tecnológico, el advenimiento de la sociedad de la información y el surgimiento de los llamados trabajadores del conocimiento…—, pero es en el siglo XXI cuando todos estos cambios en el entorno en que operan las empresas convergen y eclosionan configurando un nuevo panorama caracterizado por el cambio constante.

Cambios en el entorno que se traducen en cambios también en la gestión de las empresas y que, a su vez, acabarán por imponer nuevas prioridades, prácticas y estilos de liderazgo a la alta dirección.

Management o cómo conceptualizar la gestión empresarial

La palabra *management* no figura en el diccionario de la Real Academia Española (RAE). El origen etimológico del término procede del italiano *maneggiare*, literalmente 'manejar', en el sentido de controlar con las manos, habitualmente una herramienta o un caballo. Y, sin embargo, en nuestra lengua, se utiliza a menudo este anglicismo como sinónimo de dirección, gestión o administración de empresas. También para hacer referencia a la disciplina académica que estudia la práctica directiva. E incluso, aunque es menos frecuente, para referirse al grupo de personas que dirigen una organización, a su cúpula directiva.

Es, por tanto, un término un poco ambiguo. Y, a pesar de ello, lo vamos a utilizar aquí, en sus distintas acepciones, con el objetivo de hacer un recorrido por la historia del *management*, repasando la cronología, los hitos y las aportaciones más destacadas tanto de la práctica directiva como del estudio y la creación de un cuerpo de conocimiento sobre la actividad de administrar y gestionar empresas.

La administración de empresas es una actividad casi tan antigua como el propio ser humano. Todas las grandes civilizaciones e imperios —desde los sumerios hasta los romanos— han administrado personas y recursos. Por no hablar de las estructuras, sistemas, jerarquías y procedimientos con los que se han dirigido instituciones también milenarias como la Iglesia, el Ejército o los gobiernos de los distintos países en distintas épocas.

Sin embargo, hay un consenso en situar los orígenes del *management* moderno a principios del siglo xx. De hecho, se suelen señalar dos autores y dos textos muy concretos, cercanos en el tiempo aunque separados por un océano: por un lado, la publicación en 1911 de *The principles of scientific management*, del ingeniero estadounidense Frederick Winslow Taylor; y por otro, la publicación en 1916 de *Administration industrielle et générale*, del ingeniero de minas francés Henri Fayol. A ellos se les atribuye el papel de padres fundadores del *management*, pues suyos son los primeros intentos relevantes y conocidos de conceptualizar las tareas propias de la administración de empresas y de crear un cuerpo teórico de conocimientos sobre la práctica directiva.

Unas contribuciones que beben de la herencia de autores como Adam Smith (1723-1790), considerado el padre de la economía moderna, y su *Investigación sobre la naturaleza y causas de la riqueza de las naciones*, que aboga por la organización eficiente del trabajo mediante la división de tareas y la especialización productiva; o John Stuart Mill (1806-1873), que ofrece un *background* teórico sobre asignación de recursos, producción, precios… Este *management* primigenio, por tanto, tiene sus raíces en una visión economicista de la organización. Un enfoque que posteriormente será criticado y revisado por varios autores, aunque todavía perdura en muchas organizaciones.

Fayol y Taylor también se encargaron de darnos sus propias definiciones sobre qué es y en qué consiste eso que hoy llamamos *management*. Definiciones sobre las que también trabajaron otros expertos y autores reconocidos en la materia, tanto coetáneos como de generaciones posteriores. Veamos algunos ejemplos en la tabla 1.1.

A día de hoy sigue sin existir una definición universal y unívoca sobre qué es y en qué consiste dirigir una empresa. Un hecho que no debería extrañarnos si tenemos en cuenta el carácter multidimensional y evolutivo del *management*. Con todo daremos por buena la definición que ofrece la Wikipedia, una enciclopedia constantemente actualizada y basada en el trabajo colaborativo, por lo que sus definiciones pueden considerarse como vigentes

Tabla 1.1. Definiciones clásicas de *management*

Frederick W. Taylor (1856-1915)	«*Management* es el arte de saber qué se debe hacer y de ver qué se hace de la mejor manera»
Henri Fayol (1841-1925)	«Dirigir es prever, organizar, ordenar, coordinar y controlar»
Mary Parker Follet (1863-1933)	«*Management* es el arte de conseguir hacer las cosas a través de las personas»
Peter F. Drucker (1909-2005)	«*Management* es un órgano multipropósito que dirige un negocio, dirige a los directores y dirige a los trabajadores y a su trabajo»
Harold Koontz (1909-1984)	«La administración es el arte de hacer las cosas a través de los demás y con grupos organizados formalmente»

y basadas en el consenso. Así, se define *management* como la «administración de una organización, ya sea una empresa, una entidad sin fines de lucro o un organismo gubernamental». El *management* «incluye las actividades de establecer la estrategia de una organización y coordinar los esfuerzos de sus empleados (o voluntarios) para lograr sus objetivos mediante la aplicación de los recursos disponibles, como las personas y los recursos financieros, naturales, tecnológicos y comerciales».

A las primeras contribuciones sobre las tareas y funciones propias de la dirección y administración de empresas, por parte de Frederick W. Taylor y Henri Fayol, entre otros, les siguieron muchas otras. Así, algunos hitos que cabe destacar son la fundación en 1881 de la Wharton Business School, la primera escuela de negocios universitaria en Estados Unidos —fundada por Joseph Wharton para «preparar graduados con la amplitud y profundidad de conocimiento para convertirse en pilares del Estado, ya sea en la vida privada o pública»— y la creación del primer Master on Business Administration (MBA) por la Harvard Business School en 1921.

Además, a lo largo del siglo xx se dieron también otros factores que contribuyeron al desarrollo del *management* como disciplina académica. Por ejemplo, el crecimiento y la expansión de las grandes corporaciones industriales aparecidas a finales del siglo XIX, que precisaron nuevos sistemas y modelos para gestionar unas operaciones cada vez más complejas; la progresiva separación entre administración y propiedad, propiciada por la aparición de los mercados de valores, que resultó en el advenimiento de una clase de directivos profesionales (no propietarios) que precisaban nuevas aptitudes, y el propio desarrollo de nuevas teorías, ya que al convertirse la empresa y sus operaciones en un área formal de estudio, profesionales y académicos empezaron una intensa actividad investigadora, docente y divulgadora que no ha cesado desde entonces.

Las escuelas de pensamiento

En sus poco más de cien años de historia, el *management* ha demostrado su capacidad para generar un sinfín de ideas y teorías sobre cómo afrontar la compleja tarea de dirigir organizaciones. En el siguiente recorrido histórico conoceremos las distintas visiones y enfoques sobre la administración de empresas que han dominado a lo largo del siglo XX.

Teoría clásica

La teoría clásica parte de la constatación de que existen unos principios universales que aplican a todas las organizaciones y que se derivan de la observación de la realidad:

- Cualquier responsabilidad debe ir acompañada de su necesaria autoridad (responsabilidad-autoridad).
- Todos los subordinados deben reportar a un único superior (unidad de mando).
- Existen limitaciones al número de subordinados que un superior puede supervisar (ámbito de control).
- Cada objetivo debe ser responsabilidad de una sola persona (unidad de gestión).

Max Weber. Uno de los máximos exponentes de la teoría clásica es Max Weber y su modelo burocrático de 1947, según el cual la organización ideal tiene las siguientes características:

- Una jerarquía bien definida.
- Una división del trabajo por especialidades funcionales.
- Un sistema de reglas que defina los derechos y deberes de superiores y subordinados.
- Un sistema de procedimientos y métodos para llevar a cabo las tareas.
- Relaciones impersonales que hagan una separación clara entre la vida privada de los individuos y sus acciones en la organización.
- Reclutamiento y promoción con mecanismos basados en el mérito y la competencia.

En resumen, la burocracia parece ser para Weber la forma organizativa por excelencia en la obtención de resultados eficientes.

Frederick W. Taylor. En la misma línea, la escuela del *management* científico o ingeniería industrial representada por Taylor propone la aplicación de métodos cientificos al diseño del trabajo, separando la tarea del diseño de la de la implementación y ejecución. El *management*, por tanto, es el responsable de diseñar el trabajo y los métodos para realizar las tareas, mientras que el trabajador se limita a realizarlas de la forma indicada. Una de las consecuencias de esta división entre el diseño y la ejecución de las tareas fue la aparición de la distinción entre los empleados y los responsables de sección o línea.

Henri Fayol. Los principios de gestión definidos por Fayol expresan también esta escuela de pensamiento en la cual el individuo está subordinado al bien común representado por la organización. Estos principios proveen la base para legitimar la autoridad, la centralización, el control y, en definitiva, todos aquellos ítems que comprenden orden, estabilidad y equidad. Por su prevalencia actual, vale la pena listar brevemente estos principios (tabla 1.2).

Tabla 1.2. Los catorce principios de Henri Fayol para administrar una empresa

1. División del trabajo para facilitar la especialización	**8.** Balance adecuado en el nivel de centralización
2. Asociación de autoridad con responsabilidad	**9.** Cadena de mando clara
3. Disciplina como resultado de un buen liderazgo, de acuerdos justos y de una aplicación juiciosa de las sanciones	**10.** Un orden que asegure que las personas y los materiales estén en el sitio adecuado en el momento adecuado
4. Unidad de control para asegurar que cada empleado tiene un único superior	**11.** Equidad, manifestada como amabilidad y justicia en las relaciones con los trabajadores
5. Unidad de gestión que especifica que cada objetivo tiene una única persona que es la responsable	**12.** Estabilidad laboral
6. Subordinación del interés personal al bien común	**13.** Aliento de la iniciativa
7. Remuneración justa	**14.** *Esprit de corps:* los trabajadores deberían de identificarse con la organización, manifestando un sentimiento de honor y orgullo compartido por los ideales y logros del grupo

Escuela de las relaciones humanas

Surge como crítica y en contraposición a los principios de la teoría clásica, especialmente a raíz de los experimentos conducidos por Elton Mayo en Hawthorne. Esta escuela argumenta que la organización depende completamente de las características humanas y enfatiza la importancia de las necesidades individuales, de la motivación, de la percepción, de las actitudes, de los valores, del liderazgo de los grupos informales... Los precursores de esta escuela son el teórico de las ciencias de la administración Elton Mayo, y sus colegas de Harvard Fritz J. Roethlisberger y William J. Dickson, pero la teoría Y desarrollada por Douglas McGregor y los estudios de Likert son igualmente representativos.

La tabla 1.3 nos proporciona una idea clara de las diferencias entre la organización que se deriva de la aplicación de los principios de la escuela clásica,

Tabla 1.3. Comparación entre la organización clásica y la organización participativa

ORGANIZACIÓN CLÁSICA	ORGANIZACIÓN PARTICIPATIVA
El liderazgo está basado en la desconfianza hacia los trabajadores, a quienes no se les pide su opinión	El liderazgo está basado en la confianza entre superiores y subordinados, que interactúan para recibir opiniones y discutir los problemas
La motivación se basa en el uso de sistemas de reglas y sanciones y en su estricta implementación en un entorno hostil	La motivación engloba todos los aspectos, en búsqueda de métodos participativos en una atmósfera de cooperación
La comunicación es vertical, de arriba hacia bajo, mediada, y percibida como sospechosa por los subordinados	La comunicación está basada en la circulación libre de información no distorsionada a través de todos los niveles de la organización
La interacción se produce en círculos cerrados y restringidos, y las decisiones se toman de forma centralizada	La interacción es abierta y extensiva, el proceso de toma de decisiones es relativamente descentralizado y basado en grupos
Los objetivos se fijan desde arriba de todo, el control es estricto y enfatiza la asignación de responsabilidades por los errores	Los objetivos son participativos y el control es difuso, enfatizando el autocontrol y la resolución de problemas por parte del individuo

Fuente: Tomada de *The human organization: its management and value*. R. Likert, 1967. Y adaptada por A.C. Hax y N.S. Majluf, en *Strategic management: an integrative perspective*, 1984.

y la organización participativa, que representa el ideal para la escuela de las relaciones humanas.

La comparación entre ambos tipos de organización nos remite inevitablemente a la confrontación que estableció Douglas McGregor entre la teoría X y la teoría Y, que parten de dos premisas diametralmente opuestas:

Teoría X: los gerentes perciben que los subordinados tienen una aversión inherente al trabajo y lo evitarán si es posible.

Teoría Y: los gerentes perciben que los subordinados disfrutan del trabajo y obtendrán satisfacción de sus tareas.

Del punto de partida de los gerentes, además, se derivan otros supuestos que condicionan la relación que establecen con sus subordinados y el estilo de gestión que imprimen a la organización, como se resume en la tabla 1.4.

Tabla 1.4. Comparación entre los supuestos de la teoría X y la teoría Y

Factor	Supuestos teoría X	Supuestos teoría Y
Actitud del empleado hacia el trabajo	A los empleados no les gusta el trabajo y lo evitarán si es posible	Los empleados disfrutan del trabajo y lo buscarán activamente
Enfoque de la gestión de la dirección	Los empleados deben ser dirigidos, coaccionados, controlados o amenazados paraa que realicen un esfuerzo adecuado	Los empleados se automotivan y autodirigen hacia el logro de los objetivos de la organización
Enfoque de la gestión del empleado	Los empleados desean evitar la responsabilidad; prefieren ser dirigidos y que se le diga qué deben hacer y cómo deben hacerlo	Los empleados buscan la responsabilidad; desean utilizar su creatividad, imaginación e ingenio para desempeñar su trabajo
Estilo de gestión	Estilo de gestión autoritario	Estilo de gestión participativo

Fuente: Tomada de *The human side of enterprise.* D. McGregor, 1960, y adaptada por P.S. Lewis, S.H. Goodman y P.M. Fandt, en *Management: challenges in the 21st century,* 2001.

Escuela de la toma de decisiones

Una de las críticas más significativas al modelo burocrático es la procedente de la tradición del análisis de decisiones representada por Herbert A. Simon, premio Nobel de Economía 1978, y antes por él mismo junto con el profesor James G. March, en su libro *Organizations* (1958). Ponen el foco en la idea que el comportamiento individual se ha de analizar en el contexto de la estructura de toma de decisiones que ofrece la organización. El individuo se caracteriza por su racionalidad limitada y la organización define las premisas en que se produce la toma de decisiones. Definir la organización es, por tanto, definir los flujos de información y las premisas de la toma de decisiones.

Más adelante, a principios de la década de 1960, Richard Cyert y el propio March expanden este modelo añadiendo el concepto de conflicto en los objetivos y desarrollan su teoría en base a cuatro principios:

1. La *casi-resolución de conflictos*, que propone que diferentes coaliciones dentro de la organización tengan objetivos diferentes, aunque la organización no necesita resolver todos estos conflictos para poder funcionar, ya que puede tolerar una cierta divergencia.
2. La *evitación de la incertidumbre*, que propone que las organizaciones estén orientadas a reducir la incertidumbre asociada a su entorno o a «negociar» con ella siempre que sea posible.
3. La *búsqueda de problemas*, que especifica que las organizaciones focalizan sus esfuerzos en buscar soluciones a problemas concretos de forma localizada y secuencial.
4. El *aprendizaje organizativo*, el cual asume que el comportamiento de la organización es adaptativo.

Esta escuela entiende la organización como un grupo de unidades de decisión que trabajan en una red de información. La principal tarea en la organización es entender la naturaleza del proceso de toma de decisiones, de la resolución de conflictos, de la coordinación entre unidades y de los flujos de información.

Teorías de la contingencia

La contribución básica de esta escuela es la constatación de que no hay una única organización superior, sino que la mejor organización depende de las contingencias y circunstancias en las que la organización debe operar. Entre los precursores de esta visión están los trabajos de Tom E. Burns y G. M. Stalker (1961), Joan Woodward (1965) y Alfred D. Chandler Jr. (1962). Este último, profesor de historia de los negocios en la Escuela de Negocios de Harvard y en la Universidad Johns Hopkins, llega a la conclusión de que la estructura de la organización depende de su estrategia, y que cuando esta última cambia, la primera también lo hace. En resumen: la estructura sigue a la estrategia, y no al revés *(structure follows strategy*: algo así como el principio de la arquitectura racionalista —*form follows function*—, pero aplicado al diseño de organizaciones).

La consolidación de la escuela de la contingencia llega con el trabajo de los téoricos del comportamiento organizacional Paul R. Lawrence y Jay W. Lorsch (1967) y su desarrollo de los conceptos de diferenciación e integración:

- *Diferenciación:* necesidad de diferenciar o separar, dentro de la organización, aquellas unidades, grupos o tareas con diferentes puntos de vista, conocimientos, énfasis, etc.
- *Integración:* necesidad de coordinar lo que ha estado separado o diferenciado dentro de la organización.

La contribución básica de esta escuela se entiende mejor si se analiza en dos etapas: por una parte, identifica la necesidad de adaptar la organización a cada contexto, entendiendo esto como su entorno, estrategia e historia; por otra parte, nos explica cómo organizar las actividades una vez la estrategia es conocida.

Primero, es necesario identificar aquellas unidades que han de ser diferenciadas o segmentadas, ya que requieren de la gestión una aproximación diferente a los objetivos de la unidad, al horizonte de planificación (largo *versus* corto plazo), a las relaciones interpersonales (jerárquicas *versus* informales y participativas), a la estructura formal requerida, etc. Después, una vez que estas unidades han sido separadas para la especialización dentro de la estrategia, es necesario establecer mecanismos de integración que aseguren que los objetivos globales se alcanzan. Mecanismos como la propia jerarquía, los grupos de trabajo *(task forces),* los comités, los departamentos o las funciones de coordinación.

Evolución, ecología y otras tendencias

Ya en la década de 1980, Richard R. Nelson y Sidney G. Winter proponen una teoría económica de la evolución como base para un modelo de desarrollo económico. Según estos autores, la organización se compone de una serie de rutinas, o «procesos establecidos para llevar a cabo las actividades». Dependiendo del grado de éxito y de la aceptación por parte del entorno las compañías mejoran sus rutinas o desarrollan otras nuevas. Debido a las inercias en este proceso de evolución adaptativa, las compañías son lentas a la hora de reaccionar a los cambios en el entorno.

Consistente con este punto de vista y llevándolo hasta el extremo, la escuela de la ecología de las organizaciones —representada por Michael T. Hannan, de la Universidad de Stanford, y John Freeman (1989)—, desarrolla los conceptos de evolución y selección aplicados a las organizaciones. Y concluye que la inercia estructural dificulta el cambio organizacional, dando lugar a una «selección competitiva» en la que las compañías organizativamente superiores sobreviven gracias a su capacidad para reaccionar a las contingencias del entorno, al más puro estilo darwinista.

Otros autores clasifican las organizaciones en grupos o clases llamados «configuraciones». Por ejemplo, Henry Mintzberg, profesor e investigador canadiense especializado en gestión empresarial, postula cinco tipos distintos de organización: simple, burocracia mecanicista, burocracia profesional, divisional y adhocracia. En cada una de ellas, la combinación y el poder relativo de los cinco componentes básicos de una organización —cima estratégica, línea media, centro operacional, tecnoestructura y personal de apoyo— es variada.

Teoría económica de las organizaciones

La economía neoclásica define la compañía como una «caja negra» con una serie de oportunidades tecnológicas (o, dicho de otro modo, una función de costos) y un comportamiento «racional» que tiende a maximizar el beneficio financiero. No se intentan definir los procesos que tienen lugar dentro de la organización. Sin embargo, existe otra rama de la teoría económica, llamada economía organizativa, que nos ha permitido aumentar considerablemente nuestra comprensión sobre las relaciones económicas que tienen lugar dentro de las organizaciones. En particular, hay dos escuelas que han tenido un gran impacto: la teoría de agencia y la teoría de los costos de transacción.

- La *teoría de agencia* estudia la relación entre un *principal* (una persona o una empresa), que posee los medios de producción, y un *agente,* que contribuye con su capacidad de tomar decisiones y con su esfuerzo en ciertos contextos organizativos definidos por la estructura de producción e información. Básicamente, se enfoca en el estudio de los contratos óptimos entre las partes en diferentes contextos y en el efecto —a veces, altamente disruptivo— de las asimetrías de información y las acciones estratégicas de las partes.

- La *teoría de los costos de transacción* está basada en la antes mencionada escuela de la toma de decisiones, particularmente respecto al hecho de que la naturaleza humana tiende a perseguir sus propios objetivos y tiene una racionalidad limitada. Esto plantea una dificultad a la hora de redactar contratos completos —el procedimiento a seguir según la teoría de agencia—, particularmente en presencia de activos específicos en la relación. Por tanto, al considerar cada transacción, lo más importante es identificar las dificultades para llevarla a cabo de modo correcto y la forma más eficiente de gobernar la transacción. La eficiencia se define en términos de minimizar los costos asociados con la transacción, como la negociación, la implementación y los costos de cumplimiento del acuerdo.

Management *contemporáneo*

Algunas de las ideas y aportaciones más recientes, especialmente aquellas que se popularizaron en el periodo 1980-2000, formalmente pertenecen al siglo xx, ya que apuntan hacia los cambios que imponen fenómenos como la globalización, la digitalización o la convergencia tecnológica, que son movimientos claramente representativos de la entrada en el nuevo siglo por lo que, a nuestro entender, conceptualmente pueden incluirse en lo que aquí hemos convenido en llamar el *management* del siglo xxi. A continuación también se citan algunas que quizá no merezcan la categoría de «escuelas de pensamiento» y deban considerarse más bien como estrategias, herramientas o técnicas de gestión e incluso, en algún caso, como meras tendencias adscritas a un determinado contexto y con un enfoque limitado a determinadas áreas y problemáticas en la gestión de las organizaciones. En todo caso, y dada su influencia, veamos una breve reseña.

Escuela de la administración estratégica

Considera la formulación y la implementación de la estrategia como el factor clave del éxito de las organizaciones y, por tanto, como una de las grandes prioridades de la gestión. Estrategia, entendida aquí como «la determinación de los objetivos básicos a largo plazo de una empresa» (la formulación), así como «la adopción de los cursos de acción y la asignación de los recursos necesarios para llevar a cabo estos objetivos» (la implementación).

Peter Drucker, considerado uno de los pioneros del pensamiento estratégico, insistió ya en la importancia de dar una respuesta clara a preguntas aparentemente sencillas como: ¿cuál es nuestro negocio?, ¿dónde estamos?, o ¿a dónde queremos llegar? Preguntas simples que, sin embargo, encierran cuestiones de gran calado como definir a qué se dedica la organización (diagnóstico), a dónde se quiere llegar (visión) y los caminos para poder llegar (planificación estratégica). En definitiva, que marcan la estrategia a seguir y dan una orientación general, más allá de planes, programas y presupuestos, para guiar los pasos de la organización hacia el futuro.

Otro pionero fue el matemático y economista Igor Ansoff, que en la década de 1950 desarrolló modelos para dirigir estrategias de crecimiento basándose en conceptos como la penetración de mercado, el desarrollo de nuevos productos, el desarrollo de nuevos mercados o la diversificación *(matriz de Ansoff)*.

Aunque el auténtico boom de la estrategia se produjo durante la década de 1980, gracias a las aportaciones de autores tan destacados como Henry Mintzberg o Michael E. Porter. El primero contribuyó a la distinción entre los distintos tipos de estrategia y señaló la diferencia entre aquellas que adoptan un enfoque normativo, que conciben los expertos y después llevan a la práctica los trabajadores, y aquellas que adoptan un enfoque descriptivo, centrándose en cómo se crean o forman las estrategias y cómo se supone que las fases de formulación y ejecución se recrean e interactúan entre ellas. El segundo desarrolló varios modelos y herramientas para facilitar la identificación de las posibles estrategias a adoptar (matriz de las tres estrategias genéricas de competencia: diferenciación, liderazgo en costos y segmentación), analizar las distintas actividades de una empresa desagregándolas *(cadena de valor de Porter)* o determinar la intensidad competitiva en un determinado mercado o sector *(modelo de las cinco fuerzas)*.

Gestión de la calidad total

La gestión de la calidad total (abreviada TQM, del inglés *total quality management*) es una estrategia de gestión desarrollada en las décadas de 1950 y 1960 por las industrias japonesas, a partir de las prácticas promovidas por el experto en materia de control de calidad W. Edwards Deming, impulsor en Japón de los círculos de calidad, también conocidos en ese país como «círculos de Deming», y Joseph Juran. La TQM está orientada a crear conciencia de calidad en todos los procesos de organización y ha sido ampliamente utilizada en todos los sectores, desde la manufactura a la educación, el gobierno y las industrias de servicios. Se le denomina *total* porque concierne a la organización de la empresa globalmente considerada y a las personas que trabajan en ella. La filosofía de la gestión de la calidad total se sintetiza en los llamados catorce puntos o principios de Deming, resumidos en la tabla 1.5.

Tabla 1.5. Los catorce principios de Deming para la gestión de la calidad total

1. Crear un propósito constante hacia la mejora de productos y servicios	**8.** Desterrar el miedo y generar confianza entre las personas
2. Adoptar la nueva filosofía	**9.** Eliminar las barreras entre departamentos
3. Dejar de depender de las inspecciones masivas para alcanzar la calidad	**10.** Deshacerse de eslóganes, exhortaciones y consignas poco claras
4. Eliminar la práctica de comprar basándose exclusivamente en el precio	**11.** Abandonar la dirección por objetivos
5. Mejorar constantemente y para siempre	**12.** Eliminar las barreras al orgullo por el trabajo bien hecho
6. Utilizar la formación en el trabajo	**13.** Estimular la capacitación y la automejora
7. Implementar el liderazgo	**14.** Aliento de la iniciativa

Teoría Z y escuela japonesa

El estilo de gestión japonés, popularizado durante el boom económico asiático de la década de 1980, se enfoca en incrementar la lealtad del empleado hacia la compañía, ofreciéndole un trabajo para toda la vida y poniendo énfasis en su bienestar, con el fin de aumentar su confianza y vinculación con la empresa. De este modo, y según la teoría Z desarrollada por William Ouchi, se promueve la estabilidad en el empleo, una mayor satisfacción entre los empleados y una mayor productividad en la organización. El tipo de relación que propone Ouchi es esencialmente jerárquica, pero con una cultura organizativa muy fuerte, de manera que la socialización, y no la autoridad, es utilizada como mecanismo de coordinación. De ahí que se denomine teoría Z, ya que propone una forma de organización intermedia entre la teoría Y y la teoría X, descritas por McGregor.

Reingeniería de procesos

A partir de 1993, surge de la mano de Michael Hammer y James Champy un nuevo diseño de procesos que denominan «reingeniería de procesos» y definen como «la reconcepción fundamental y el rediseño radical de los procesos de negocios para lograr mejoras dramáticas en medidas de desempeño tales como en costos, calidad, servicio y rapidez». Por lo tanto, se trata de una reconcepción fundamental basada en una visión holística de la organización y en el cuestionamiento de todos los procesos, operaciones y flujos de trabajo mediante preguntas como ¿por qué hacemos lo que hacemos? y ¿por qué lo hacemos como lo hacemos? La reingeniería de procesos se distingue de otros enfoques para el desarrollo organizacional, especialmente de la mejora continua o de la gestión de la calidad total, porque no busca introducir cambios basados en la mejora iterativa, sino reinventar los procesos con el fin de crear ventajas competitivas duraderas y de innovar en la forma de hacer las cosas.

Teoría de la excelencia

En 1982, Tom Peters y Robert H. Waterman publican *In search of excellence: lessons from America's best-run companies*, probablemente el mayor *best seller* de la literatura empresarial de todos los tiempos. El libro presenta los resultados del estudio que realizaron entre una muestra de 43 compañías de seis industrias importantes en Estados Unidos consideradas como un referente por su buena gestión. El objetivo, tratar de establecer cuáles eran sus cualidades y prácticas comunes y, en definitiva, identificar las claves de su éxito. Tras el análisis, concluyeron que estas compañías compartían lo que ellos denominaron los *Ocho principios de las empresas excelentes*:

1. **Orientación a la acción:** «*Adhocracia, capacidad de gestionar problemas al momento, frente a burocracia*»
   - Siempre están preparadas para actuar.
   - Dispuestas a experimentar, probar e incluso equivocarse.
   - Simplicidad. Planes de acción simples, con objetivos muy definidos.
   - Fragmentación. Ante un problema, crean grupos operativos pequeños que actúan y resuelven en plazos menores a cinco días.

– Se forman con empleados de diferentes áreas que aportan su *expertise* al problema y apenas generan documentación.

2. **Cercanía con el cliente:** «*La verdadera venta empieza tras la adquisición del producto*»
    – Transmiten a sus empleados una obsesión: el cliente es lo primero.
    – El objetivo es que el cliente confíe en la marca.
    – Escuchan de verdad lo que sus clientes quieren de sus productos y servicios y lo implementan.
    – Medición intensiva y retroalimentación con los resultados.
    – Formación constante del personal en atención al cliente.
    – Hay que centrarse en un nicho en el cual la empresa sea mejor que cualquier otra para ese *target* en algún parámetro como precio, tecnología, servicio, segmentación…

3. **Fomento de la iniciativa y autonomía de los empleados:** «*Para asegurarte de tener muchos aciertos, fomenta el número de intentos*»
    – Incitan a los empleados a presentar nuevas ideas, productos, procedimientos… y les dan los medios para desarrollarlos.
    – Cuentan con grupos de investigación descentralizados y autónomos cuyo único objetivo es aportar novedades.
    – Recompensan tanto los éxitos como las iniciativas.
    – Tolerancia al fracaso, ya que solo es una parte del proceso.
    – Buscan tener «campeones» de la innovación, a los cuales les permiten incluso llegar a límites arriesgados.

4. **Productividad a través de las personas:** «*Tratar a las personas como adultos; si se les deja, las personas te abruman con ideas*»
    – Hay que tratar a las personas como adultos, como socios; eso implica con dignidad y respeto, y no como si fueran inmaduras.
    – Se confía de verdad en los trabajadores y se demuestra en la práctica que la confianza es real, no solo de palabra.
    – Creación de un buen ambiente de trabajo, con autonomía y en el que todos ven los resultados de su labor.

- Inversión en las personas: formación constante y útil.
- Animación positiva: incentivos, información constante…

5. **Orientación a valores:** «*Hay que tener claros los valores internos e implantarlos con el ejemplo*»
   - Los valores son útiles y rentables. Inútiles y molestos solo los ven los malos directivos.
   - Poseen un conjunto muy definido de valores y creencias orientadoras sobre el modo de actuar y comportarse.
   - El proceso de selección de valores y su difusión se afronta con la máxima seriedad y eficacia.
   - El origen de los valores está en un líder que los comparte con el resto de la empresa.

6. **Fidelidad a su negocio central:** «*Es mejor la expansión interna que las fusiones o adquisiciones*»
   - Permanecer fiel a la competencia principal de la empresa es más eficaz que implantar la diversificación como política principal.
   - Un poco de diversificación da estabilidad, pero diversificar como estrategia no funciona.
   - Las fusiones, mejor de pequeñas empresas, fácilmente asimilables a la cultura corporativa y cuyo posible fracaso no suponga un riesgo.
   - La mayoría de fusiones acaban mal: los directivos «comprados» suelen irse dejando una compañía devaluada a la que han dedicado mucho tiempo los «compradores».

7. **Estructura simple y *staff* reducido:** «*La* flexibilidad *en las reacciones debe estar garantizada*»
   - Un negocio complejo no se gestiona con una estructura compleja y una plantilla desmesurada en la central.
   - Divisiones entre productos, organización unida y pocas capas gerenciales garantizan la simplicidad y la capacidad de reacción.
   - Hay que tener una estructura sencilla y eso se logra teniendo claro qué hay qué sacrificar (función, producto, geografía…) en caso de que un proceso implique aumentar la complejidad.

8. **Dirección central con libertad individual:** «*Combinar adecuadamente centralización y descentralización*»

- La dirección central se combina con una amplia concesión a la autonomía individual de todo el personal, incluido el no directivo.
- Los controles deben ser rígidos, pero abiertos a posibles cambios que, además, se implementen rápidamente.
- La gestión de los valores, el control de la calidad o la atención al cliente corresponden a la central, pero se incentiva a los trabajadores para que aporten sus ideas constantemente.
- Las distintas divisiones tienen amplio poder de decisión.

Management by wandering around

También conocido como *management by walking around* o por las siglas MWA, este concepto hace referencia a un estilo de dirección basado en la idea de que, para estar conectado con un equipo, es necesario hacerse presente en los lugares de trabajo de las personas para compartir información, ideas y opiniones. No se trata solo de estar más cerca de los colaboradores, de ganarse su confianza o de llevarse bien con ellos, que también, sino de aprovechar el entorno y las circunstancias para obtener más y mejor información, aumentar el grado de cumplimiento de los compromisos, ser más productivos y consolidar la visión.

El origen de este concepto se atribuye a los ejecutivos de Hewlett-Packard, aunque el concepto general de directivos haciendo visitas espontáneas a sus colaboradores en sus puestos de trabajo ha sido una práctica común en muchas empresas y desde hace muchísimos años. También contribuyeron a popularizar este estilo de dirección los consultores Tom Peters y Robert H. Waterman, que lo utilizaron en su superventas *In search of excellence,* antes citado.

Learning organization

El concepto de *learning organization* —«la organización que aprende»—, acuñado por Peter Senge en 1990, parte de la premisa de que las empresas que prosperan en el tiempo son aquellas lo suficientemente inteligentes como para lograr alinear talentos y capacidades para aprender a triunfar en conjunto y lograr los resultados incluso en escenarios muy dinámicos y cambiantes. Senge afirma que «una organización inteligente es una organización o empresa que, de forma continua y sistemática, aborda los procesos necesarios para aprovechar al máximo sus experiencias y aprender de ellas.

Con un enfoque sistémico, Senge plantea ampliar el campo de observación de las organizaciones más allá de los confines tradicionales para comprender nuevas complejidades e interacciones. Peter Senge traslada y adapta al ámbito económico y organizacional la *teoría general de sistemas* que, simplificando mucho, se resume en la idea de que todo está interconectado entre sí y, por tanto, lo que ocurra en una de las partes influye en la totalidad.

De acuerdo con su visión sistémica, para el éxito de una organización «es vital que esta funcione colectivamente» como un sistema complejo y adaptativo que aprende y depende de las interacciones y del desarrollo de las personas que la integran.

Para convertir una organización en una organización que aprende, según Senge, hay que dominar cinco disciplinas:

1. **Dominio o excelencia personal.** El autocontrol y la disciplina personal son la base del aprendizaje individual. El aprendizaje individual no garantiza el aprendizaje organizacional, pero sin aprendizaje individual no hay aprendizaje organizacional. Las organizaciones solo aprenden a través de individuos que aprenden.

2. **Reconocer los modelos mentales.** Los modelos mentales son creencias y patrones muy arraigados, a menudo inconscientes, que condicionan nuestro modo de actuar y de ver las cosas. Ser conscientes de su existencia y entender cómo funcionan, tanto individualmente como a nivel de toda la organización, es el primer paso para desactivarlos y evitar que se conviertan en una barrera al cambio y a la innovación.

3. **Potenciar el desarrollo de una visión compartida.** La capacidad para generar una imagen de futuro que sea capaz de crear metas y valores compartidos que unan a la gente en torno a una identidad y aspiración comunes es fundamental porque brinda concentración y energías para el aprendizaje. No hay organización inteligente sin una visión compartida que fije una meta a alcanzar.

4. **Impulsar el aprendizaje en equipo.** El aprendizaje en equipo es vital porque la unidad fundamental del aprendizaje en las organizaciones modernas no es el individuo, sino el equipo. Si los equipos no aprenden, la organización tampoco puede aprender.

5. **Capacidad de adoptar una visión sistémica de la organización.** El pensamiento sistémico es la quinta disciplina, la que da nombre al libro de Senge, e integra todas las anteriores. Dominar esta disciplina significa ser capaz de reconocer interacciones que puedan conducir a mejoras significativas y duraderas, es decir, buscar soluciones de fondo a los problemas y no atacar solo los emergentes o los síntomas.

Los roles y las prioridades

Vamos a poner el foco ahora en las responsabilidades, funciones y tareas que deben llevar a cabo los máximos directivos de la empresa: ¿cuáles son las atribuciones específicas del director general? ¿Cómo debe organizar sus roles y tareas para ser efectivo? ¿Cuáles deben ser sus prioridades?

Henri Fayol. Las funciones de la administración de empresas

La teoría de Fayol (1917), como la de Taylor (1911), se basa en la división del trabajo. Pero Fayol se fija más en la función directiva y en la jerarquía de autoridad que en las tareas de los operarios, ya que considera que su influencia en las dinámicas de la organización es mucho mayor. Una de sus grandes aportaciones fue, precisamente, la identificación de las cinco funciones que definen la administración de empresas: prever, organizar, dirigir, coordinar y controlar.

1. *Prever.* Planificar las actividades de la empresa, tratando de anticipar las condiciones futuras y las posibles contingencias, y desarrollar planes estratégicos para asegurar el logro de los objetivos.

2. *Organizar.* Diseñar una estructura organizativa que incluya las tareas que tienen que realizarse, asignando a las personas más idóneas para hacerlas,

estableciendo cómo organizar las tareas, quién reporta a quién y dónde se tomarán las decisiones.

3. *Dirigir.* Dirigir y coordinar a los integrantes de la organización. Incluye motivar a los empleados, dirigir las actividades de otros, seleccionar el canal de comunicación más efectivo o resolver los conflictos que existan entre los miembros.

4. *Coordinar.* Armonizar los procedimientos y las actividades realizadas por la empresa, asegurando que las actividades de cada unidad organizativa complementan y enriquecen el trabajo de otras.

5. *Controlar.* Asegurar el correcto funcionamiento de la empresa vigilando el desempeño de la organización. El desempeño actual debe ser comparado con los objetivos anteriormente planteados, si existen desviaciones significativas, habrá que devolver a la organización a la senda establecida. La función de control incluye el proceso de monitorizar, comparar y corregir.

Peter Drucker. Los tres trabajos del mánager

Para Peter Drucker, la función primordial de un administrador consiste en «dirigir los recursos y esfuerzos de la organización hacia las oportunidades que le permitirán obtener resultados económicamente significativos». Eso, según su enfoque, significa llevar a cabo lo que él denominó *los tres trabajos del mánager*: dirigir un negocio, dirigir a los directivos y dirigir al trabajador en su trabajo.

Para Drucker hay tres ámbitos que ocupan el trabajo directivo. El primero se refiere a su responsabilidad sobre los resultados económicos *(dirigir un negocio)*. Si la compañía no logra unos resultados económicos suficientes, no será posible que alcance otros objetivos como la satisfacción de sus clientes o la creación de riqueza para la sociedad. El segundo ámbito de actuación es hacer que los recursos intelectuales de la empresa sean productivos *(dirigir a los directivos)*. Para ello, es necesario alinearlos con la visión de la compañía, enseñarles qué es lo que se espera de ellos y motivarlos a hacer ese esfuerzo. Por último, un ámbito de actuación importante es organizar bien el trabajo de los empleados para que puedan realizarlo de forma eficiente *(dirigir al trabajador en su trabajo)*.

Dentro de estos tres ámbitos de actuación, todos ellos imprescindibles —si falla uno, fracasarán los otros dos—, Drucker describe las cinco tareas básicas que deben configurar el trabajo de un buen directivo:

1. *Establecer objetivos.* Guiar a la empresa más allá de los vaivenes del entorno económico y fijar objetivos en aquellas áreas de las que depende la supervivencia de la empresa (cuota de mercado, innovación, productividad, rentabilidad financiera).
2. *Organizar.* Analizar y planificar las actividades y decisiones que hay que tomar para llevar a cabo los objetivos definidos, asegurándose de proporcionar y organizar los recursos necesarios para cada persona y en cada momento.
3. *Motivar y comunicar.* Crear un equipo de confianza a su alrededor al que asignar responsabilidades, a los empleados para conseguir alcanzar los objetivos.
4. *Medir el rendimiento.* Evaluar el rendimiento de los empleados con respecto a los objetivos marcados.
5. *Dirigir personas.* Mejorar el rendimiento desarrollándose continuamente y desarrollando también a las plantillas.

El propio Drucker, ya en 1955, anticipaba la aparición de nuevas demandas que requerirán del gerente del mañana nuevas capacidades. En concreto, detalla siete nuevas tareas:

1. Debe dirigir por objetivos.
2. Debe asumir más riesgos y por un periodo más largo de tiempo.
3. Debe ser capaz de tomar decisiones estratégicas.
4. Debe poder construir un equipo integrado, en el cual cada miembro sea capaz de administrar y medir su propio desempeño y resultados en relación con los objetivos comunes.
5. Debe poder comunicar información de forma rápida y clara, y ser capaz de motivar a las personas.
6. Debe estar capacitado para ver el negocio como un todo e integrar su función con él.

7. Debe poder relacionar su producto e industria con el entorno total, para encontrar lo que es importante en él y tenerlo en cuenta en sus decisiones y acciones.

Andrall Pearson. Seis básicos para el director general

Al hablar sobre las tareas y responsabilidades que caracterizan el trabajo de un director general, resulta oportuno e interesante observar lo que dice al respecto Andrall E. Pearson, que tuvo una larga y exitosa carrera en PepsiCo (como CEO, como presidente y finalmente como miembro del Consejo), después ejerció como profesor de Management en la Harvard Business School y, posteriormente, abandonó la docencia para incorporarse como socio en una sociedad de capital riesgo.

Según Pearson existen seis tareas clave que constituyen la base del trabajo de un director general:

1. **Modelar el entorno de trabajo.** Tres elementos condicionan el entorno de trabajo de una compañía: a) los estándares de desempeño, que prevalecen y determinan el ritmo y la calidad de los esfuerzos que realizan las personas (¿cuáles son nuestros objetivos? ¿cómo medimos su consecución?); b) el concepto de negocio, que define cómo es y cómo opera la compañía (¿en qué negocio competimos y con qué estrategia? ¿cuáles son nuestras ventajas?), y c) el concepto de personas, que determina los valores que prevalecen y definen cómo es trabajar en esa compañía (¿qué tipo de personas necesitamos para competir, ahora y en el futuro? ¿qué tenemos para atraer, motivar y retener a este talento?, ¿qué tipo de valores queremos observar en nuestra compañía?).

2. **Elaborar una visión estratégica.** Los mejores directores generales, afirma Pearson, están invariablemente involucrados en la formulación de la estrategia; no solo presidiendo el esfuerzo, sino capitaneándolo. Para empezar, tienen una visión estratégica para cada uno de los negocios en los que opera la compañía, o desarrollan una rápidamente y tan pron-

to como son designados para ocupar un nuevo puesto de dirección. La visión estratégica del director general se construye teniendo en cuenta la industria, el consumidor y el entorno competitivo, y conduce a una innovación dirigida hacia una posición competitiva particular.

Eso es lo que distingue una visión útil del conjunto de generalidades que algunos directivos utilizan para describir sus estrategias comerciales, advierte. Además, añade, los directores generales de alto impacto consideran las brechas de competitividad —en productos, servicios o prestaciones— como una crisis. Cerrar esas brechas se convierte en su principal prioridad, no solo en otro problema importante. Pero, para lograrlo, es necesario comprender en detalle cómo sus costos, productos, servicios, operaciones y sistemas se posicionan y comparan respecto a los de sus competidores. Algo, apunta Pearson, que no todos los directores generales son capaces de hacer. Finalmente, concluye, hoy en día no se puede hablar de estrategia sin ofrecer a tus clientes más valor del que ofrecen tus competidores. Por eso, los mejores directores generales no solo miran hacia dentro de la propia compañía, sino que están permanentemente atentos a lo que sucede fuera: consumidores, distribuidores, industria, competencia, regulación, productos sustitutivos…

3. **Asignar recursos.** Todos los directores generales dicen que asignan los recursos para apoyar las estrategias competitivas, mantener a la compañía en una buena salud financiera y obtener altos rendimientos. Sin embargo, si analizamos la forma en que funciona el proceso en la mayoría de empresas, afirma Pearson, observaremos un apoyo excesivo a negocios marginales, proyectos de bajo retorno y necesidades operativas. En definitiva, no hay foco estratégico. Los mejores directores generales, en cambio, concentran más recursos en aquellas situaciones que proveen una oportunidad para ganar una ventaja competitiva importante, o al menos mejorar alguna de las que ya se disfruta. Otra diferencia importante, añade, es el modo en que tratan el dinero. La mayoría de los directivos profesionales gastan el dinero de la compañía como si fuera de otra persona. En contraste, los mejores directores generales piensan como propietarios. Evitan proyectos donde todo tiene que funcionar al 110 %

para obtener un buen rendimiento y, si es necesario, están dispuestos a reconsiderar las inversiones de alto riesgo o los negocios de bajo rendimiento para reunir los recursos necesarios para poner en marcha las estrategias que consideran ganadoras. Además, están siempre buscando activos improductivos para ponerlos al día o quitarlos de los libros de contabilidad. Y presionan constantemente a la organización para mejorar la productividad.

4. **Desarrollar directivos.** Todo el mundo sabe cómo es de importante atraer a directivos con talento, desarrollarlos rápidamente y mantenerlos motivados y desplegados de manera efectiva. Sin embargo, no todo el mundo hace lo que se requiere para lograrlo. De hecho, muy pocas empresas lo hacen. La falta de talento directivo, dice Pearson, se sitúa justo por detrás de los bajos estándares como causa de un desempeño pobre.

   Los mejores directores generales no intentan racionalizar la inacción con la esperanza de que una mayor experiencia transforme de alguna manera a un directivo débil en uno sólido, o uno sólido en uno sobresaliente, sino que están dispuestos a tomar la iniciativa para conseguir tener siempre a los mejores perfiles en las posiciones más críticas. Aunque eso implique tomar decisiones difíciles. Utilizan asignaciones de trabajo desafiantes para acelerar el desarrollo de gerentes de alto potencial —si hace falta, eliminando bloqueos y destruyendo los imperios funcionales que se interponen en el camino—, entienden lo importante que es la rotación de puestos, y lideran las revisiones anuales de personal en lugar de delegar ese trabajo a los responsables de departamento o los directores de división. También saben que la compensación es un medio para lograr un fin, no un fin en sí misma, por lo que siempre vinculan las recompensas al rendimiento. Siempre se rodean de personas buenas, sin miedo a que les hagan sombra. Y no contratan solo a su propia imagen, sino que toleran, incluso fomentan, una variedad de estilos.

5. **Construir la organización.** Los mejores directores generales parecen buscar siempre el modo más simple de hacer las cosas, lo que suele

traducirse en menos «capas», trabajos de mayor envergadura y responsabilidades más amplias. Se involucran personalmente en la resolución de problemas importantes, diga lo que diga el organigrama, y no evitarán invadir el territorio de otro si los riesgos son cruciales para el éxito de la compañía. Para reducir el daño, se asegurarán por adelantado de que los subordinados entienden cómo trabaja el sistema y por qué a veces la intrusión es necesaria. Pero no utilizan esa prerrogativa como excusa para inmiscuirse en el territorio de los demás miembros de la organización. Otro sesgo que cabe destacar, según Pearson, es que los mejores directores generales organizan alrededor de personas, más que de conceptos o principios. Cuando tienen una estrategia, un problema de negocio o una gran oportunidad, buscan rápidamente a la persona con las capacidades y el estilo adecuados para ese reto. Y una vez conseguido ese encaje, delegan toda la responsabilidad en esa persona, sin tratar de encorsetarla en la descripción de un puesto de trabajo previamente definido o someterla a restricciones organizativas. De este modo, concluye, los directivos se sienten más responsables de los resultados porque, efectivamente, lo son.

6. **Supervisar las operaciones.** La sexta y última área de responsabilidad para un director general es la supervisión de las operaciones y su implementación. Esto significa llevar el día a día del negocio produciendo planes sólidos, detectando problemas y oportunidades desde el principio y respondiendo agresivamente a ellos. Los mejores directores generales están, habitualmente, muy orientados a resultados. Sus planes operativos son compromisos, no solo algo que se esfuerzan en conseguir. Conocen los números y qué se requiere para conseguir que salgan. Pero también saben que las sorpresas ocurrirán, por lo que mantienen la suficiente flexibilidad en la asignación de recursos como para poder permitirse afrontar amenazas competitivas, buenas nuevas ideas o una caída en el volumen de ventas. Además, presionan para alcanzar la excelencia operacional en toda la organización y parecen estar dotados de un agudo sentido sobre las capacidades reales de su organización, ya que no suelen comprometerla en más cosas de las que puede manejar,

aunque tampoco —en el otro extremo— permiten que rinda por debajo de su capacidad.

Henry Mintzberg. Los diez roles del directivo

De acuerdo con un estudio ampliamente referenciado de Henry Mintzberg (1990), los directivos desempeñan tres tipos de roles distintos:

- **Roles interpersonales.** Emergen directamente de la autoridad formal del directivo e implican las relaciones con los miembros de la organización y con terceras partes. Los tres roles interpersonales que desempeña el directivo son el de *representante* o cabeza visible (con deberes que son de naturaleza esencialmente ceremonial: representar a la empresa ante la comunidad, atender a eventos sociales, tratar con clientes importantes, etc.); el de *líder* (deben trabajar con y a través de sus colaboradores para asegurar que se cumplen las metas de la organización y son los responsables últimos del éxito o fracaso de sus unidades organizacionales), y el de *enlace* (actúan como enlace, tanto en el trabajo con individuos y grupos de trabajo como desarrollando relaciones favorables con otros grupos de interés).

- **Roles de información.** Los directivos son también los responsables de asegurar que las personas con las que trabajan tienen la suficiente información para hacer su trabajo de forma efectiva. Por la naturaleza misma de sus responsabilidades, se convierten en centros de comunicación de sus unidades y son también una fuente de información para otros grupos de trabajo. Entre los roles de información se destacan el de *monitor* (el directivo debe escanear constantemente el entorno tanto interno como externo de la empresa para identificar oportunidades y amenazas potenciales para sus grupos de trabajo y su organización); el de *difusor* (debe compartir y distribuir la información relevante que recaba entre los miembros de sus grupos de trabajo), y el de *portavoz* (tiene la responsabilidad de informar puntual y apropiadamente a accionistas, clientes, autoridades, etc. sobre el desempeño financiero de la empresa y su dirección estratégica, sobre sus compromisos sociales, o sobre el cumplimiento estricto de la ley y de las normativas vigentes, por ejemplo).

- **Roles de decisión.** Los directivos procesan información para extraer conclusiones que deriven en iniciativas concretas. La información, en sí misma, no tiene sentido si no se utiliza para tomar decisiones empresariales. Y son ellos quienes deben tomarlas. Deben comprometer a sus equipos con un determinado curso de acción y asignar recursos para que los planes del grupo puedan implementarse. Los roles de decisión que desempeña el directivo son el de *emprendedor* (el directivo, que monitoriza los cambios en el entorno que pueden convertirse en oportunidades, es quien inicia los proyectos para capitalizarlas); el de *gestor de anomalías y crisis* (debe afrontar conflictos y solucionar problemas a medida que vayan surgiendo); el de *asignador de recursos* (debe determinar qué proyectos recibirán recursos de la compañía y en qué medida), y el de *negociador* (el directivo puede tener que negociar con empleados, proveedores, clientes u otros grupos de trabajo. Independientemente del grupo de trabajo, el directivo es el responsable de todas las negociaciones necesarias para garantizar que el grupo está progresando hacia el logro de los objetivos de la organización).

La figura 1.1 resume los diez roles directivos señalados por Mintzberg, cada uno de ellos clasificado en su correspondiente categoría.

Juan Antonio Pérez López. Las tres dimensiones del directivo

Para Juan Antonio Pérez López, profesor de Teoría de la Organización del IESE y director general de la escuela entre 1978 y 1984, las tareas directivas se asocian con tres elementos que se dan siempre y necesariamente en una organización:

- Un *propósito* o resultado a alcanzar a través del conjunto de acciones individuales.

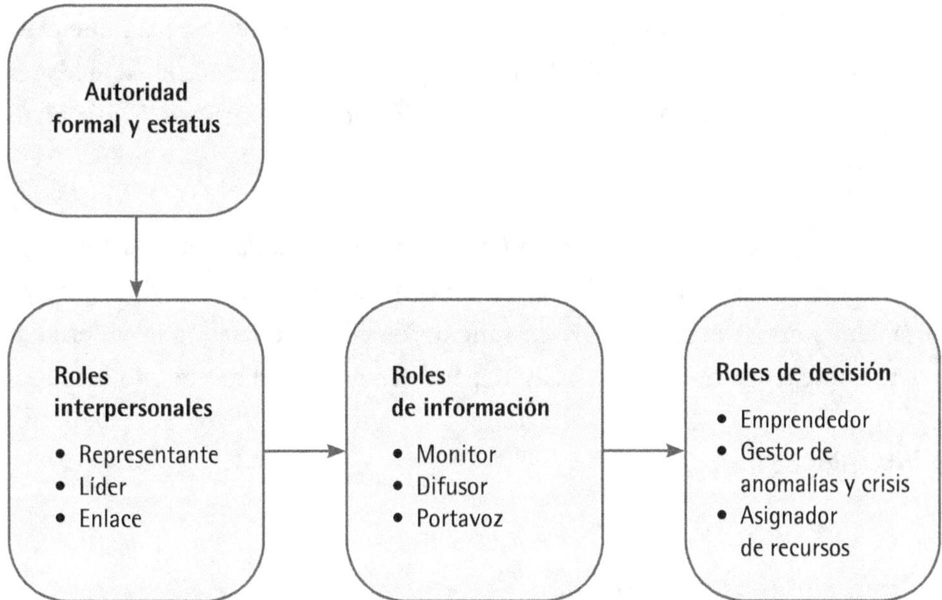

Fuente: Adaptada de *The manager's job: folklore and fact*, Henry Mintzberg, 1990.

Figura 1.1. Los roles directivos de Henry Mintzberg.

- Una *coordinación* de dichas acciones, de tal modo que su ejecución produzca el logro del propósito.
- La *motivación* de cada una de las personas individuales para que decidan actuar del modo concreto requerido por la organización.

Desde este punto de vista, señala tres tipos de actividades directivas que, a su vez, se corresponden con las tres dimensiones distintas que debe conjugar el directivo:

1. *Actividades estratégicas.* Determinan los resultados a alcanzar a través de las actuaciones concretas de la organización (definición operacional del propósito) → El directivo como estratega.
2. *Actividades ejecutivas.* Consisten en la determinación y comunicación de las acciones concretas que han de ser realizadas por cada persona para que la organización alcance aquellos resultados (estructuración del propósito definido) → El directivo como ejecutivo.

3. *Actividades de liderazgo.* Generan la motivación necesaria para que cada una de las personas individuales, efectivamente, desarrolle las actividades que le correspondan (puesta en práctica del propósito) → El directivo como líder.

Esta clasificación es importante no solo porque nos da una idea sobre las distintas funciones que debe llevar a cabo el máximo responsable de una organización, sino también porque, en función de cómo se combinen y del peso relativo que tenga cada una de ellas, depende en gran medida el estilo de dirección que se impone en la organización, como veremos en el apartado dedicado a los estilos de dirección.

La capacidad de decisión

Para reflejar el hecho de que el directivo, en ocasiones, se ve rodeado por fuerzas que limitan su poder de decisión, Sydney Finkelstein y Donald C. Hambrick introdujeron en 1987 el concepto de «discrecionalidad directiva» o «latitud de acción directiva». Esto es así porque la empresa y el directivo se encuentran rodeados por fuerzas que tienen poder y pueden querer alterar el curso de la organización (un competidor, un proveedor, un cliente, un gobierno, o los propios accionistas).

En tal caso, su discrecionalidad, es decir, su capacidad para decidir, se verá reducida por esos factores. En otras palabras, pueden existir multitud de restricciones en el entorno competitivo o en la propia empresa que estén impidiendo al directivo emprender los cursos de acción que él desea. Restricciones que estos autores agrupan en tres grandes categorías:

- *Características de la industria.* Estructura de la industria, número y tipo de competidores, crecimiento del mercado, posibilidad de diferenciar el producto, restricciones políticas o legales, etc.
- *Características de la empresa.* Tamaño, antigüedad, cultura, disponibilidad de recursos, patrones de interacción entre los empleados, etc.

- *Características personales del directivo.* Habilidades interpersonales, tolerancia al riesgo, grado de compromiso con la compañía y con sus objetivos estratégicos, nivel de autoconfianza, ambición, etc.

El modelo de discrecionalidad directiva propuesto por Hambrick y Finkelstein se resume en la figura 1.2.

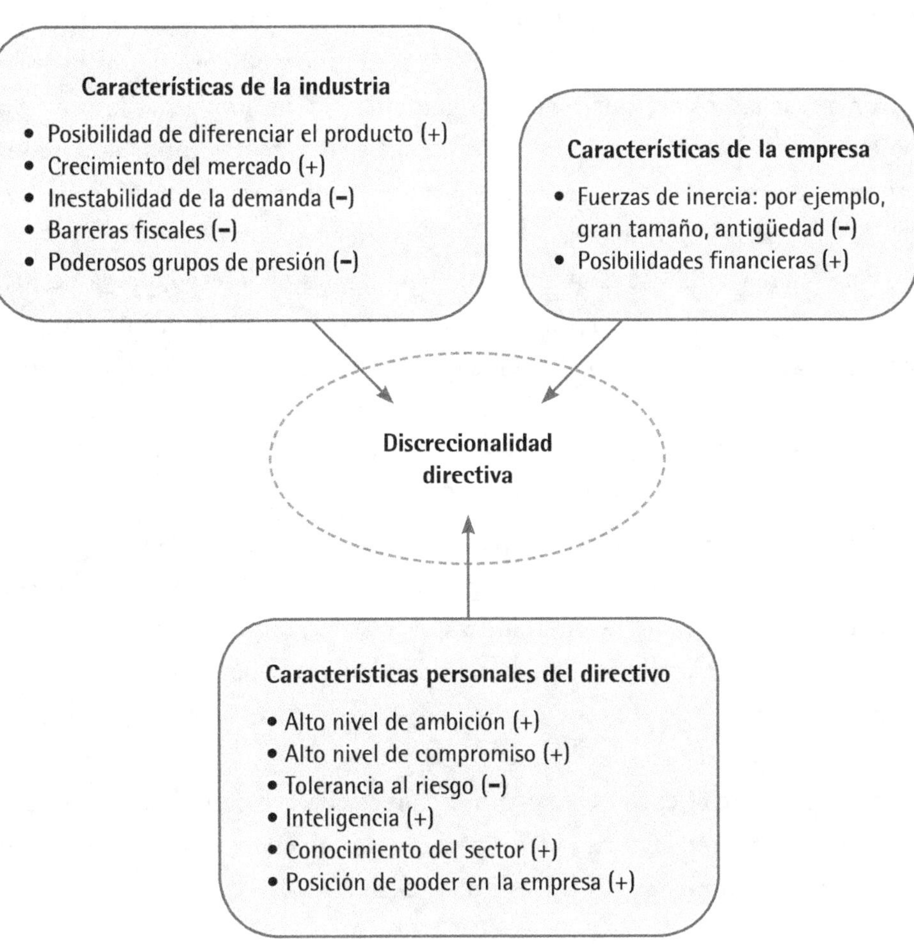

Fuente: Adaptada de *Strategic leadership: top executives and their effects on organizations.* Sidney Finkelstein y Donald C. Hambrick, 1996.

Figura 1.2. Discrecionalidad directiva.

Los estilos de dirección

Lo que comúnmente denominamos *estilos de dirección* son una especie de cajón de sastre en el que se suelen incluir todos aquellos factores que tienen que ver no con *lo que hacen* los directivos (sus funciones), sino con *cómo lo hacen* (su estilo personal a la hora de dirigir).

Mucho se ha escrito en los últimos años sobre los distintos tipos de liderazgo que existen: autocrático, burocrático, democrático o participativo, transformacional, carismático, etc. Se han desarrollado, incluso, modelos y herramientas para tratar de describir, analizar y prever el comportamiento de los líderes a partir de sus rasgos personales, por su grado de inclinación hacia unos u otros objetivo, por la combinación de ciertas conductas ante determinadas circunstancias o en función del poder que ejercen, en cada momento y según el contexto, sobre sus subordinados.

Una referencia obligada al hablar de paradigmas de liderazgo es la de Juan Antonio Pérez López y su modelo antropológico, que tanto ha influido en la visión singular del IESE sobre lo que significa dirigir empresas. Hemos visto en el punto dedicado a las funciones de la administración que este autor distinguía entre tres tipos distintos de actividades directivas o dimensiones del directivo: estratégicas, ejecutivas y de liderazgo.

A esta clasificación, añade otra: la de los criterios que adopta el directivo al evaluar las distintas alternativas en el proceso de la toma de decisiones. Decisiones que definen su estilo de dirección y que, a la vez, imponen un determinado paradigma de liderazgo en la organización. Así, Pérez López distingue entre tres tipos de criterios:

- **Criterio de eficacia.** Una organización es eficaz si consigue los objetivos que se propone. Cuanto mejor consiga esos objetivos (con mayores resultados o con menores recursos), más eficaz será.

- **Criterio de atractividad.** Una organización es atractiva si en ella hay posibilidades de aprendizaje. Y son esas posibilidades de aprendizaje las que hacen que esa empresa sea atractiva para muchas personas.

- **Criterio de unidad.** La unidad es el grado de identificación de los miembros de una organización con los objetivos de la misma. Una identificación que se produce no por lo que cobran o lo que puedan aprender, sino porque lo que se hace en esa empresa satisface las necesidades de terceras personas —un cliente, un proveedor, la sociedad en su conjunto— y da sentido al trabajo realizado.

De la importancia y peso relativo que se dé a cada uno de estos distintos criterios, se desprenden tres estilos o paradigmas de dirección:

- **Paradigma mecanicista: el directivo como estratega.** El directivo actúa en base a un criterio de eficacia, entendida como la maximización de los resultados de la organización. Y asume que sus colaboradores buscan también esa maximización como único fin, es decir, que sus motivos son esencialmente extrínsecos. Los directivos y empresas que se mueven dentro de un esquema mecanicista ponen el acento en la estructura formal, en los sistemas formales y en la estrategia.

- **Paradigma psicosocial: el directivo como estratega y ejecutivo.** Según este enfoque, las personas no actúan movidas únicamente por motivos extrínsecos (un salario, una promoción, reconocimiento), sino también para cubrir otro tipo de necesidades como el aprendizaje, el sentido del logro o la superación de un reto (motivos intrínsecos). El objetivo de la empresa y de sus directivos ya no es solo la eficacia, sino también hacer la empresa atractiva para los que allí trabajan, ofreciéndoles oportunidades de aprendizaje con las que ellos puedan sentirse motivados y con las que la empresa refuerza sus competencias distintivas.

- **Paradigma antropológico: el directivo como estratega, ejecutivo y líder.** Según este modelo, la organización y sus máximos responsables tienen como finalidad, no solo conseguir la eficacia y la atractividad, sino también la unidad y la identificación de sus colaboradores con la empresa y su misión. Es decir, se considera y promueve la actuación basada en motivos trascendentes, que son aquellos cuyos resultados recaen en otras personas distintas de quien ejecuta

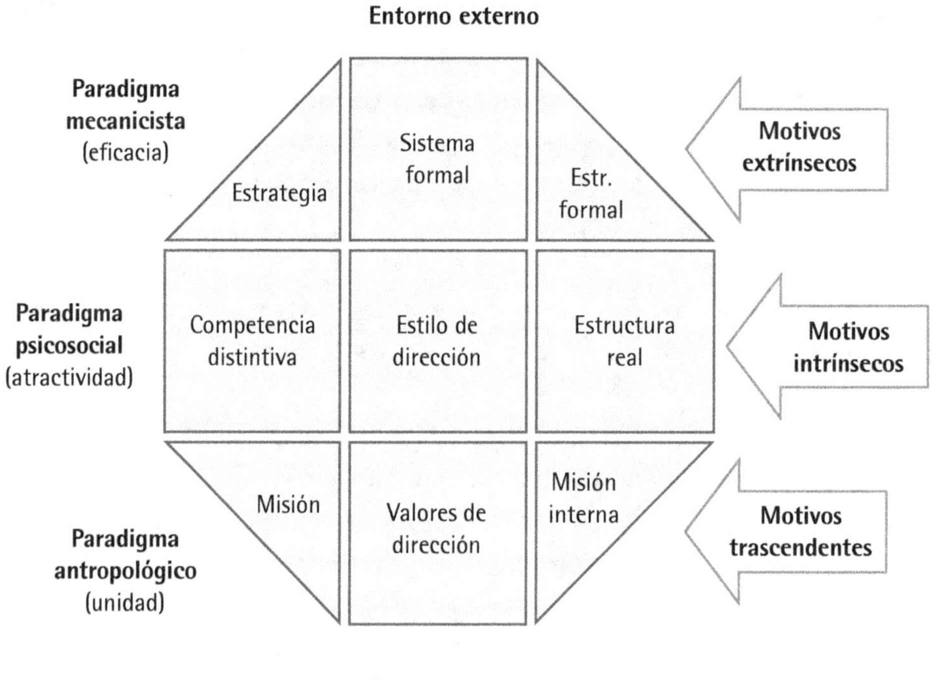

Fuente: *¿Empresa o negocio? Distintos enfoques para la dirección de personas en las organizaciones.* Chinchilla, N. y Pérez López, J.A., 1990.

Figura 1.3. El octógono empresarial.

la acción. Por ejemplo, la ayuda que se presta a un compañero de trabajo, la satisfacción de un cliente o el beneficio para la comunidad.

La teoría de Pérez López y su explicación de los tres paradigmas de dirección se resume en la figura del octógono empresarial (figura 1.3).

El cambio de paradigma

El cambio de siglo anuncia cambios importantes en la manera de concebir cómo funcionan y se gestionan las organizaciones. La aparición y generalización de internet y del resto de tecnologías de la información y la comunicación; la globalización de la economía y la internacionalización de las operaciones; el advenimiento de la sociedad del conocimiento; la convergencia de tecnologías, mercados e industrias; el descenso en el costo de las comunicaciones; la digitalización y el cambio tecnológico acelerado...

Son fenómenos con un impacto global que se han ido gestando durante décadas, pero es en el siglo XXI cuando convergen y eclosionan, adoptando un carácter generalizado y masivo, y agitando el panorama empresarial hasta el punto de cuestionar las propias bases del sistema económico.

Y, por supuesto, obligan también a reconsiderar todo lo que hasta entonces creíamos saber sobre la dirección de empresas.

A continuación, veremos cómo algunos autores destacados en el campo del *management* y el liderazgo de organizaciones advierten ya sobre la necesidad de replantear algunas de las verdades establecidas y de reorientar las tareas, los roles y las prioridades directivas hacia nuevos horizontes para sobrevivir en entornos cada vez más complejos, dinámicos y cambiantes.

Peter Drucker: los cambios en el escenario

Para Peter Drucker, gurú de gurús y auténtico visionario del *management*, la entrada en el siglo XXI supone un cambio radical en algunos de los supuestos básicos que se habían dado por buenos desde que se inventara la corporación, alrededor de 1870, y hasta entonces. En la tabla 1.6 vemos esos supuestos, que resumió en cinco puntos básicos, y cómo se han invertido en el siglo XXI.

Para Steve Denning, prestigioso columnista de la revista *Forbes*, autor de varios libros sobre *management* y miembro asesor del Global Peter Drucker Forum en Viena, el nuevo paradigma que anuncia Drucker significa un cambio fundamental en cómo los líderes piensan, hablan y actúan en el lugar de trabajo: «Mientras que la economía del siglo XX floreció con un espíritu de eficiencia y control, acentuado en las últimas décadas por los valores de interés propio y autoengrandecimiento, la economía del siglo XXI requerirá un espíritu de imaginación, exploración, experimento, descubrimiento y colaboración.

Tabla 1.6. El cambio de paradigma

Los supuestos en el siglo xx	La realidad en el siglo xxi
1. La corporación es la «dueña» y el empleado es el 'servidor', porque la corporación es la que posee los medios de producción	1. La corporación ya no es la «dueña» del empleado porque los medios de producción son el conocimiento, que es propiedad de los trabajadores del conocimiento y es altamente portátil
2. La gran mayoría de los empleados trabajan a tiempo completo para la corporación	2. Un número creciente de personas que trabajan para una organización no serán empleados de tiempo completo, sino empleados a tiempo parcial, temporarios, consultores, contratistas o empleados de un contratista de subcontratación
3. La forma más eficiente de producir cualquier cosa es reunir en una sola administración la mayor cantidad posible de actividades necesarias para desarrollar el producto, lo que reduce los costos de transacción	3. Ya no tiene sentido reunir todo en una sola administración, porque (a) el conocimiento necesario para cualquier actividad se ha especializado en gran medida. Por lo tanto, es cada vez más costoso y también cada vez más difícil de mantener, y (b) los costos de transacción se reducen drásticamente, en particular el costo de las comunicaciones
4. Las empresas proveedoras y especialmente las fabricantes tienen poder de mercado porque tienen información sobre un producto o servicio que el cliente no tiene y no puede tener	4. El cliente ahora tiene toda la información. El fabricante dejará de ser un vendedor y, en cambio, se convertirá en un comprador para el cliente
5. Cualquier tecnología en particular pertenece a una y solo a una industria, y a la inversa, a cualquier industria en particular le pertenece una y solo una tecnología	5. Hay pocas tecnologías únicas. Cada vez más, el conocimiento necesario en una industria determinada proviene de una tecnología o de una industria totalmente diferentes

Fuente: *Will the corporation survive?*, Peter F. Drucker, *The Economist*, 3 noviembre 2001.

Impulsado por el compromiso de hacer una diferencia positiva en el mundo». Y eso implica:

- Un cambio desde el objetivo de ganar dinero al objetivo de deleitar a los clientes de manera rentable. La innovación no es una opción: es un imperativo. La única pregunta es cómo.
- Un cambio del control de individuos a una colaboración inspiradora entre equipos autoorganizados, redes y ecosistemas.
- Un cambio desde la coordinación del trabajo por la burocracia jerárquica a la vinculación dinámica, con enfoques iterativos de desarrollo con retroalimentación directa de los clientes e interacción con equipos y redes.
- Un cambio de una preocupación por el valor económico a un abrazo de valores que harán crecer la empresa y los ecosistemas que la acompañan, en particular la transparencia radical, la mejora continua y la sostenibilidad.
- Un cambio de comunicaciones de arriba a abajo a conversaciones horizontales. En lugar de decirles a las personas qué hacer, los líderes inspiran a las personas a través de los límites de la organización para que trabajen juntos en objetivos comunes.

Rosabeth Moss Kanter: el nuevo trabajo directivo

Rosabeth Moss Kanter, una de las mayores expertas mundiales en gestión del cambio, advierte: «El trabajo directivo está experimentando un cambio tan rápido y enorme que muchos directivos han tenido que ir reinventando su profesión sobre la marcha». Con pocos precedentes que les puedan servir de guía, continúa, están viendo cómo la jerarquía se desvanece y cómo las fronteras que antes delimitaban cargos, tareas, departamentos e incluso la propia empresa se van difuminando. Se enfrentan a niveles extraordinarios de complejidad e interdependencia, mientras ven cómo las tradicionales fuentes de poder se van erosionando y cómo las viejas herramientas de motivación pierden su magia.

Para Moss Kanter, la causa es obvia. Las presiones competitivas están forzando a las corporaciones a adoptar nuevas estrategias y estructuras mucho más flexibles. Prácticas emergentes que ella agrupa bajo la etiqueta *postemprendedo-*

ras, ya que implican la aplicación de la creatividad y la flexibilidad propias del emprendimiento a negocios establecidos.

Se trata de cambios altamente recomendados por expertos que instan a las organizaciones a ser más ágiles, más flexibles, menos burocráticas. Pero hasta ahora los teóricos han dado poca importancia a las realidades «dramáticamente alteradas» del trabajo directivo en esas organizaciones transformadas. Ni siquiera, añade Kanter, somos capaces de encontrar las palabras adecuadas para describir las nuevas relaciones que se establecen. *Superiores* y *subordinados* no parecen términos apropiados. Tampoco *los jefes* y *su gente*, ya que eso implica más control y propiedad de la que actualmente ostentan los altos ejecutivos en muchas compañías. Además, las trayectorias profesionales ya no son directas y predecibles, sino que se han vuelto idiosincráticas y confusas.

Algunos gerentes experimentan el nuevo trabajo directivo como una pérdida de poder porque mucha de su autoridad solía venir de su posición jerárquica. Ahora que todo parece ser negociable por todo el mundo, se sienten confusos a la hora de movilizar y motivar a su equipo. Para otros, por el contrario, el cambio en roles y tareas ofrece un mayor poder personal.

Para entender qué es lo que los directivos deben hacer para conseguir resultados en la corporación postemprendedora, necesitamos ver cómo ha cambiado la forma en que operan estas compañías. La nueva fotografía, según Moss Kanter, está compuesta por cinco elementos:

1. Hay un número mayor y más variedad de canales para actuar y ejercer influencia.
2. Las relaciones de influencia se desplazan de la vertical a la horizontal, es decir, de la cadena de mando superior—subordinado a las redes formadas entre iguales.
3. La distinción entre los que dirigen y los que son dirigidos se va difuminando, especialmente en términos de información, de control sobre las tareas asignadas y de acceso a las relaciones externas.
4. Las relaciones externas son cada vez más importantes como fuente de poder e influencia, e incluso para el desarrollo de la carrera profesional.

5. Como resultado de los cuatro cambios anteriores, el desarrollo de las carreras se ha vuelto menos inteligible, pero también menos circunscrito. Hay menos rutas aseguradas para alcanzar el éxito. Pero, al mismo tiempo, las trayectorias profesionales están más abiertas a la innovación, lo que crea nuevas oportunidades.

Para ayudar a las empresas a implementar sus estrategias organizativas y competitivas, los directivos deben aprender nuevas formas de gestionar, enfrentar los cambios en sus propias bases de poder y reconocer la necesidad de encontrar nuevas maneras de motivar a las personas.

En la nueva corporación, los directivos solo cuentan con ellos mismos para alcanzar el éxito. Deben aprender a dirigir sin la muleta de la jerarquía: la posición, el cargo y la autoridad ya no son herramientas adecuadas. No en un mundo en el que los subordinados son animados a pensar por ellos mismos y en el que los superiores deben trabajar en sinergia con otros departamentos e incluso con otras compañías.

El éxito, cada vez más, depende de saber recurrir a las fuentes adecuadas para obtener buenas ideas, de averiguar qué colaboración se necesita para actuar sobre esas ideas y de trabajar con ambas para generar resultados. Para agregar valor, los directivos deben pensar y trabajar más allá de fronteras. En resumen, el nuevo trabajo directivo implica formas muy diferentes de obtener y usar el poder. Moss Kanter llega a asegurar, incluso, que «el ejecutivo de hoy debe regatear, negociar y vender ideas como lo haría cualquier otro político».

Henry Mintzberg: desenmascarando los mitos sobre el alto directivo

Según Henry Mintzberg, existen cuatro mitos acerca del trabajo del alto directivo que no se sostienen si los sometemos a un cuidadoso escrutinio de los hechos. Eso hizo él con un grupo de cinco de directores ejecutivos estadounidenses de organizaciones medianas y grandes —una consultora, una empresa de tecnología, un hospital, una empresa de bienes de consumo y un sistema escolar— a los que estudió de forma sistemática y estructurada a lo largo de una semana intensiva de observación para cada ejecutivo.

- ***Mito 1: El directivo es un planificador sistemático y reflexivo***
  Hechos: Numerosos estudios han constatado que los directivos trabajan a un ritmo implacable y que sus actividades se caracterizan por la brevedad, la variedad y la discontinuidad. Suelen estar muy orientados a la acción y muy poco a la reflexión. Así, los directivos no suelen seguir un patrón definido para gestionar su tiempo, sino que saltan de un asunto a otro respondiendo a las necesidades de cada momento. La reflexión y la planificación, por tanto, están implícitas en sus acciones diarias. No son un proceso abstracto y separado del resto de quehaceres al que el directivo reserve un determinado espacio y tiempo en su agenda.

- ***Mito 2: El directivo eficaz no tiene que llevar a cabo obligaciones con regularidad***
  Hechos: A los directivos se les dice constantemente que pasen más tiempo planificando y delegando y menos tiempo con las actividades diarias de la gestión, como hablar con clientes o participar en negociaciones. Sin embargo, la realidad demuestra que el directivo afronta obligaciones diarias como analizar el entorno, participar en actos de empresa, hablar con clientes importantes, participar en negociaciones, atender visitas, etc. Un considerable número de tareas que consumen una cantidad importante de su tiempo. De hecho, y según sus propias observaciones, el directivo dedica entre el 90 y el 95 % de su tiempo a gestionar el día a día, y solo el 5-10 % a la estrategia.

- ***Mito 3: El alto directivo necesita información agregada, y los sistemas de información formales son la mejor manera de obtenerla***
  Hechos: Los directivos prefieren, por encima de los documentos formales, las llamadas telefónicas y las reuniones personales. Según el estudio de Mintzberg, el 80 % del tiempo directivo se consume en comunicación verbal. Y dedican especial atención a las comunicaciones más informales, como rumores y especulaciones, porque su experiencia les dice que los rumores de hoy pueden ser los hechos del mañana. Y ese tipo de información, viva y actualizada, no suele quedar reflejada en los sistemas de información formales.

- ***Mito 4: La dirección de empresas se está convirtiendo en una ciencia y en una profesión***

    Hechos: Para casi cualquier definición de ciencia y profesión, esta afirmación es falsa. Una ciencia implica la promulgación de unos procedimientos o programas de actuación sistemáticos y determinados analíticamente. Si ni siquiera somos capaces de identificar qué procedimientos utilizan los directivos para llevar a cabo sus tareas, ¿cómo podemos prescribirlos científicamente? ¿Y cómo podemos llamar a la dirección de empresas profesión si no podemos especificar qué deben aprender los directivos?

Teniendo en cuenta los *hechos* expuestos sobre la alta dirección, concluye Mintzberg, podemos ver que el trabajo del alto directivo es enormemente complicado y difícil. Los directivos están sobrecargados, pero no pueden delegar fácilmente. Como resultado, se ven obligados a trabajar en exceso y a realizar muchas tareas de manera superficial. La brevedad, la fragmentación y la comunicación verbal caracterizan su trabajo. Y, sin embargo, estas son las características propias del trabajo de dirección, las mismas que han impedido los intentos científicos de mejorarlo. De ahí que los «científicos de la gestión» y los teóricos del *management* se hayan centrado en las funciones más especializadas de la gestión, donde es más fácil analizar los procedimientos y cuantificar la información más relevante.

Mintzberg, por su parte, propone una «vuelta a los básicos» en la descripción del trabajo directivo. Un trabajo que, en su opinión, puede describirse en términos de los distintos «roles» o conjuntos organizados de comportamientos identificados con la posición del alto directivo (véase la figura 1.1).

En 2004, Mintzberg publicó *Managers, not MBAs: a hard look to the soft practice of managing and management development*, un libro en el que ataca duramente a los programas de MBA que se ofrecen en las escuelas de negocio: «El MBA entrena a las personas equivocadas de la manera equivocada con las consecuencias equivocadas. Usar el aula para ayudar a desarrollar a personas que ya practican la dirección es una buena idea, pero pretender crear directivos a partir de personas que nunca han dirigido es una farsa».

Para Mintzberg, el *management* es una práctica que contiene una gran parte de experiencia, con un componente de arte o visión, y algo de ciencia y análisis.

Ghoshal y Bartlett: más allá de la estrategia

Para Sumantra Ghoshal y Christopher Bartlett, profesores de la London School of Economics y de la Harvard Business School, respectivamente, el nuevo entorno competitivo hace necesario un replanteamiento de las funciones de la alta dirección. La globalización de la economía, los cambios tecnológicos, la convergencia de mercados e industrias, la desregulación y el papel creciente del conocimiento como recurso escaso y crítico, desplazando al capital financiero, hacen que el verdadero desafío para el director general sea el de crear un entorno en el que pueda desarrollarse este activo.

Los altos ejecutivos de las grandes empresas deben moverse más allá de la estrategia, la estructura y los sistemas, hacia un nuevo marco de trabajo construido sobre el propósito, los procesos y las personas. Pero veamos con más detalle qué motiva y en qué consiste exactamente la evolución en cada una de estas dimensiones.

- **De fijar la** ESTRATEGIA **a definir un** PROPÓSITO
  Cuando las empresas eran más pequeñas y estaban menos diversificadas, fijar la estrategia de negocio era una tarea relativamente sencilla. Sin embargo, a medida que las compañías ganan en tamaño y complejidad, pensar que el director puede seguir siendo el principal y único estratega de la empresa es poco realista. Difícilmente puede disponer del conocimiento específico necesario para tomar decisiones tan sofisticadas como las que requieren determinados planteamientos estratégicos.

  Por eso, Ghoshal y Bartlett sostienen que, en lugar de concentrar sus esfuerzos en desarrollar y refinar estrategias que resulten incompletas o puedan quedar rápidamente desfasadas, los altos directivos deberían dedicar más tiempo a crear una cultura corporativa que permita a los propios empleados, desde niveles inferiores, desarrollar más iniciativas estratégicas. Crear una misión, un propósito corporativo vigorizante que permita a la plantilla identificarse con la empresa, que dé sentido a sus trabajos y con la que estén dispuestos a comprometerse.

- **De diseñar la ESTRUCTURA a organizar PROCESOS**

  Muchas empresas, durante la expansión internacional que vivieron en las décadas de 1970 y 1980, crearon estructuras (sistemas formales) para poder gestionar organizaciones cada vez más grandes y complejas. Sin embargo, esas formas organizativas cada vez más rígidas y burocráticas conducen a unas relaciones jerárquicas fuertes, en las que la iniciativa emprendedora de los empleados y la difusión del conocimiento dentro de la empresa se hacen cada vez más difíciles, lo que inevitablemente resta flexibilidad y capacidad de innovación a las organizaciones.

  Estos autores opinan que, en lugar de malgastar su tiempo dibujando las líneas y cajas de los organigramas formales, los directores generales deberían invertirlo en descubrir nuevos roles y relaciones dentro de su empresa. Los directivos deberían enfocar su atención en fomentar un espíritu emprendedor entre los empleados, crear un contexto que propicie el desarrollo del conocimiento de los empleados y facilite los procesos de autorrenovación.

- **De gestionar SISTEMAS a desarrollar PERSONAS**

  Para controlar aquellas partes del negocio de las que está más alejado, y para evitar que los empleados se desvíen de los objetivos establecidos, el director general dota a la empresa de unos sistemas, un conjunto de normas, procedimientos y políticas, que definen lo que debe hacerse y cómo debe hacerse. Sin embargo, al hacer la actividad de los empleados más predecible y controlable, estos mecanismos también erosionan su creatividad e iniciativa. La pasividad y resignación de los empleados suelen ser el resultado de estos férreos sistemas de control.

  Los directivos deberían enfocarse más a desarrollar personas clave dentro de la empresa, lograr que sus empleados entiendan los objetivos de la compañía, y manejar la información de interés a través de las relaciones personales.

John P. Kotter: la diferenciación entre gestión y liderazgo

Para John P. Kotter, autor reconocido mundialmente en materia de liderazgo, gestión y liderazgo son dos sistemas de acción distintos y complementarios.

La *gestión* se ocupa de enfrentar la complejidad. Sus prácticas y procedimientos son en gran medida una respuesta a uno de los acontecimientos más significativos del siglo xx: la aparición de las grandes organizaciones. Sin una buena gestión, las empresas complejas tienden a volverse de tal manera caóticas que incluso ponen en riesgo su propia existencia. La buena gestión aporta un grado de orden y consistencia a dimensiones clave como la calidad y la rentabilidad de los productos.

El *liderazgo*, por contraste, se ocupa de enfrentar el cambio. Parte del motivo por el que ha llegado a ser tan importante en años recientes es que el mundo de los negocios se ha vuelto más competitivo y volátil. Cada vez son más necesarios más cambios y de mayor envergadura para sobrevivir y competir eficazmente. Y siempre más cambios requieren más liderazgo.

Cada sistema de acción implica decidir lo que se debe hacer, crear redes de personas y relaciones que puedan llevar a cabo una agenda, y posteriormente asegurarse de que esas personas hagan el trabajo. Pero cada uno realiza estas tres tareas de forma diferente.

- **Planificar y elaborar presupuestos vs. fijar una orientación**
  El objetivo de la gestión es la previsibilidad, los resultados ordenados. La función del liderazgo, por el contrario, es producir el cambio. Fijar la dirección de ese cambio, por tanto, es un trabajo esencial. No hay nada místico en ese trabajo, pero sí es un proceso más inductivo que el de la planificación y elaboración de presupuestos. Implica la búsqueda de patrones y relaciones que ayuden a explicar las cosas y a establecer vínculos. Y no produce planes detallados, sino que la fijación de una orientación da como resultado visiones y estrategias generales para realizarlas. Describen una empresa, tecnología o cultura corporativa en términos de qué deberían llegar a ser en el largo plazo y articulan una vía factible para alcanzar ese objetivo.

- **Organizar y dotar de personal vs. alinear personas**
  Los gestores buscan el encaje correcto entre personas y trabajos. Es, esencialmente, un problema de diseño: establecer sistemas que aseguren que los planes se implementan de manera precisa y eficiente. Los líderes, en

cambio, buscan el encaje correcto entre las personas y la visión. Es más un problema de comunicación: consiste en agrupar a un número grande de personas, dentro y fuera de la organización, primero para creer en un futuro alternativo y después para tomar la iniciativa hacia la consecución de esa visión compartida.

- **Controlar actividades y resolver problemas vs. motivar e inspirar**
  La gestión se esfuerza en hacer fácil para las personas la tarea de completar sus rutinas de trabajo día tras día. Pero, dado que enfrentar las inevitables barreras al cambio requiere altas dosis de motivación y energía, los líderes tratan de *tocar* a las personas en sus niveles más profundos, incitándolas a desarrollar un sentido de pertenencia, idealismo y autoestima.

La tabla 1.7. resume los puntos básicos de la diferenciación que hace John P. Kotter entre gestión y liderazgo.

Llopis y Ricart: qué hacen los buenos directivos en el siglo xxı

Jaume Llopis y Joan E. Ricart, ambos profesores de Dirección Estratégica en IESE Business School, llevan más de diez años invitando a los máximos ejecutivos de compañías de todo tipo a participar en sus clases del MBA para com-

Tabla 1.7. La diferenciación entre gestión y liderazgo

Gestión	Liderazgo
Planificar y elaborar presupuestos	Fijar una orientación
Organizar y dotar de personal	Alinear personas
Controlar actividades y resolver problemas	Motivar e inspirar

Fuente: *What leaders really do*, John P. Kotter, 2001.

partir con los alumnos su quehacer diario: cómo organizan su trabajo, como gestionan su agenda y cuáles son sus prioridades. Aprovechando su testimonio y complementándolo con una serie de entrevistas personales, decidieron iniciar un trabajo de campo cuyos resultados quedaron plasmados en dos libros, uno publicado en 2007 y otro en 2013.

Lo que hallaron, según ellos mismos relatan, puede resumirse en cuatro prioridades fundamentales:

- **Crear un FUTURO y comunicarlo**

  Todos los directivos entrevistados por Llopis y Ricart compartieron con ellos sus preocupaciones sobre el futuro de la organización. Un rol, dicen, que puede trivializarse pero que es extremadamente importante. Y que implica hacer el ejercicio de anticipar los cambios, de detectar amenazas y oportunidades, de crear nuevos espacios para competir... Si el máximo ejecutivo de una compañía no piensa en el futuro, ¿quién se supone que lo va a hacer?

  Para poder actuar como «sensores», los directivos deben conocer bien sus negocios, la industria, los clientes, los competidores. Pero también deben hacer el esfuerzo de considerar, de imaginar, de crear un futuro. Necesitan desarrollar una visión de largo plazo y ser capaces de transmitirla a toda la organización. En este contexto, su análisis mostró dos puntos muy importantes. La mayoría de los directivos de la muestra tenían un enfoque extremo en los clientes y en los competidores. Si bien se referían también a otros actores relevantes, el enfoque clave era la intimidad con el cliente y la evaluación comparativa *(benchmarking)*. Además, a medida que aumenta la globalización y la complejidad, los negocios complementarios y los ecosistemas adquieren cada vez una mayor importancia, así como las relaciones con agencias gubernamentales, reguladores y diferentes asociaciones.

  Los planes de futuro se reflejan en una estrategia clara que debe ser comunicada y que ayuda a movilizar al conjunto de la organización hacia una dirección determinada.

- **Adaptar constantemente el MODELO DE NEGOCIO**

  Competir en el siglo XXI significa hacerlo en un contexto de una rivalidad y una exigencia nunca antes vistas, ya que surgen alternativas y emergen nuevos competidores, incluso de otras latitudes y de otras industrias, nuevas ideas y modelos de negocio disruptivos: las ventajas competitivas de hoy pueden dejar de serlo mañana, pues pueden ser rápidamente sustituidas o resultar inadecuadas en el futuro. Por lo tanto, en su lucha por asegurarse un futuro, los altos directivos necesitan replantear, reconfigurar e incluso reinventar constantemente sus modelos de negocio.

Así, los directivos analizados hablaron acerca de la adaptación constante, del cambio continuo, de la renovación, destacando que ya nada es para siempre y que la única constante es el cambio.

Por supuesto, las reglas para la adaptación del modelo de negocio difieren entre compañías y directivos. Pero encontraron coincidencias y soluciones recurrentes como la búsqueda de la diferenciación, el enfoque en la calidad, la apuesta por la innovación o el cuidado por los detalles para hacer el trabajo de la mejor manera posible, buscando la excelencia en todos los procesos de la organización. Las compañías están descubriendo modelos de negocio innovadores para desarrollar y sostener ventajas competitivas que les permitan conducir a la organización hacia un futuro. Esta es una capacidad creativa, orientada al diseño, que resulta fundamental en el paisaje competitivo actual.

- **Las PERSONAS en el centro de la organización**
Muchas culturas corporativas destacan a las personas, al capital humano, y el conocimiento como los recursos clave y principal ventaja competitiva de las organizaciones. Pero los directivos de la muestra, además, demostraron tener un claro compromiso con las personas que se manifestó en términos del tiempo que dedican y del esfuerzo que realizan en esta área. Piensan a menudo en las capacidades que necesitan para alcanzar el futuro que desean para la organización y desarrollan el talento que necesitan sus respectivas organizaciones.

Los profesores Llopis y Ricart destacan, en este sentido, los tres elementos comunes observados:

1. El tiempo y la dedicación de la alta dirección a la *gestión del talento y al desarrollo de equipos.* Todos los directivos ponían un gran esfuerzo

en buscar y desarrollar a personas con un alto potencial y en hacer un seguimiento actuando como mentores.

2. Un segundo elemento clave en la dirección de personas es la *gestión del reto y el riesgo:* dar a las personas un cometido adecuado, permitirles crecer y aprender, desafiar el *statu quo* y asumir riesgos cuando sea necesario. Se equilibra la asignación de tareas con las oportunidades de crecer y desarrollarse, que son esenciales, no solo para tener el mejor equipo hoy, sino un equipo de alto rendimiento el día de mañana.

3. Por último, la demanda de un alto nivel de *rendimiento* y el impulso de la *excelencia* en todos los niveles de la organización, que no son una consecuencia de las dos anteriores, sino una prioridad en sí misma. Y una en la que los buenos directivos invierten mucho tiempo: dirigir organizaciones en nuestro siglo es dirigir a las personas como el centro de cualquier actividad en la empresa.

- **Integrar con una** ESTRATEGIA INSTITUCIONAL
  Esencialmente, esto consiste en dotar de sentido a cualquiera de las tareas que se realizan en la organización. Mientras que las tres prioridades anteriores resultan bastante previsibles, en el trabajo de Llopis y Ricart surgió una tarea fundamentalmente diferente que integra todo en la organización y es una prioridad única y exclusiva para la alta dirección de una empresa. Una tarea que ellos llamaron *integrar con una estrategia institucional.*

  La estrategia institucional integra los *principios y valores organizativos,* los *propósitos institucionales* y la filoso*fía de funcionamiento* que subyacen en la compañía. Es la base que apoya, integra y coordina todos los objetivos y metas de la organización.

En definitiva, concluyen Llopis y Ricart, «la alta dirección tiene una prioridad exclusiva importantísima que integra y unifica las anteriores, aportando guía y dirección a todo el equipo directivo, una prioridad que hemos llamado «estrategia institucional», y cuyos elementos quedan recogidos en la tabla 1.8.

La figura 1.4. ilustra el modelo completo sobre las prioridades de la alta dirección en el siglo XXI, propuesto por Llopis y Ricart.

Tabla 1.8. Componentes de la estrategia institucional

Estrategia institucional		
Principios y valores organizativos	**Propósitos institucionales**	**Filosofía de funcionamiento**
• Determinación de los valores • Cultura organizativa estable • Compromiso social de la empresa • Cuidado de las personas	• Atracción de talento directivo • Proceso de continua transformación • Compromiso emocional de los empleados • Proceso de integración	• Altos estándares de rendimiento • Creación de un equipo de alto rendimiento • Ejecución con contacto personal • Gestión participativa y delegación • Continuo seguimiento de prioridades y objetivos

Fuente: *Qué hacen los buenos directivos. El reto del siglo XXI*. Jaume Llopis y Joan E. Ricart, 2013.

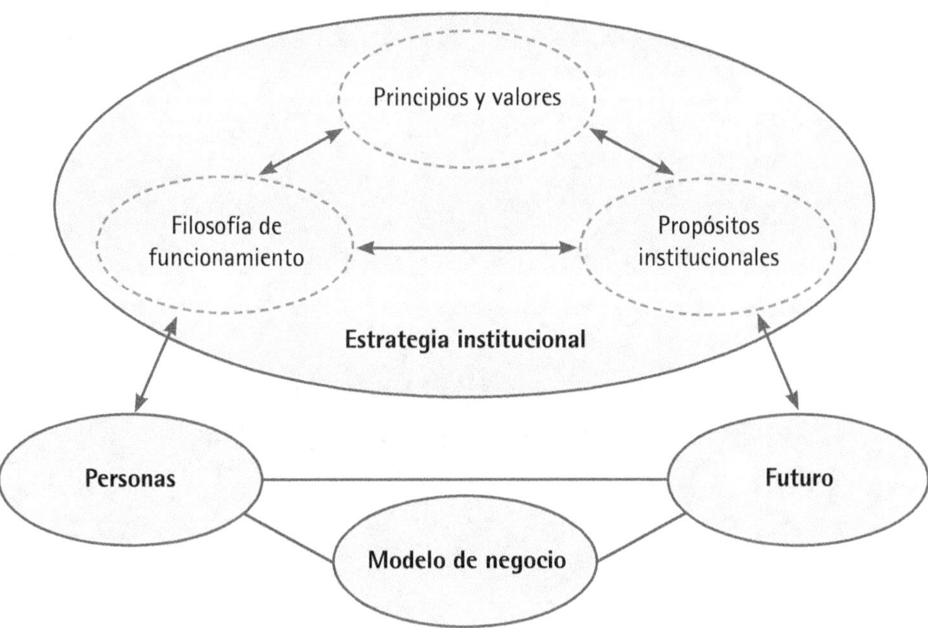

Fuente: *Qué hacen los buenos directivos. El reto del siglo XXI*. Jaume Llopis y Joan E. Ricart, 2013.

Figura 1.4. Prioridades de la alta dirección en el siglo XXI.

Terminamos aquí la revisión de la literatura académica sobre la teoría y la práctica del *management* moderno desde sus orígenes, a principios del siglo xx, hasta los albores del siglo xxi, que como hemos podido ver marca un punto de inflexión importante en la discusión de los roles, tareas y prioridades que caracterizan el trabajo del primer ejecutivo de una compañía.

La entrada en el nuevo siglo supone un cambio de paradigma respecto a los supuestos en los que se había fundamentado hasta entonces la dirección de empresas. Por lo que algunos autores destacados en el campo del *management* y el liderazgo de organizaciones, como hemos visto, advierten ya de la necesidad de cuestionar algunas de las verdades generalmente establecidas y comúnmente aceptadas sobre la dirección de empresas, y de recalcular las coordenadas que deben guiar el trabajo del director general al frente de la organización. En el capítulo siguiente ahondaremos en este problema, destacando y describiendo los cambios recientes que hacen necesario el replanteamiento de las funciones y atribuciones del director general.

2

Transformación y estrategias: ¿qué está cambiando?

Es un hecho que los cambios en el entorno competitivo y en las formas de organización y gestión de las empresas están redefiniendo el trabajo del director general. Por ello vamos a centrarnos en cuáles han sido los cambios más recientes y trascendentales, cuyo impacto global ha transformado rápida y radicalmente el entorno en el que operan las empresas. A su vez, esas nuevas coordenadas han motivado otros cambios en el modo en que las compañías organizan y gestionan sus recursos, desembocando en nuevas estrategias, posicionamientos y formas de organización.

El nuevo entorno

Los nuevos retos de un entorno de cambios en el mundo están marcados por la sostenibilidad, la digitalización, la globalización y la responsabilidad social corporativa, pero también por otros factores de influencia como la transparencia, la innovación, los nuevos consumidores, la inmediatez, la comunicación, los nuevos competidores o la optimización de los datos. Y requieren nuevos liderazgos que sepan incorporar estos vectores competitivos en su propuesta de valor, y sobre todo, situarlos en el centro de la estrategia y transformarlos en objetivos concretos y medibles.

Unas nuevas coordenadas que marcan el liderazgo empresarial del siglo xxi. En la tabla 2.1 se muestran resumidamente los tres tipos de cambios que se han venido produciendo en los últimos quince años.

Tabla 2.1. Tipos de cambio

CAMBIOS EN EL ENTORNO COMPETITIVO
• Globalización de la economía y sociedad de la información • Cambios en los hábitos y preferencias del consumidor • Cambio tecnológico, digitalización e innovaciones disruptivas • Convergencia de tecnologías, mercados e industrias • Cambios en el mercado de trabajo • Demanda de una mayor transparencia y legitimidad social a las empresas
CAMBIOS EN LA ORGANIZACIÓN Y GESTIÓN DE LAS EMPRESAS
• El conocimiento y el talento como recursos estratégicos clave • Mayor presión competitiva y necesidad de diferenciación • Adaptación constante del modelo de negocio y búsqueda de nuevas formas de crear y capturar valor • Digitalización de procesos • Mayor complejidad e independencia de los factores que inciden en el negocio • Flexibilización de las estructuras organizativas y mayor autonomía en el trabajo • Nuevas estrategias para la captación, el desarrollo y la retención de talento • Importancia estratégica de los criterios ambientales, sociales y de gobernanza (ESG)
CAMBIOS EN LAS PRÁCTICAS Y ESTILOS DE DIRECCIÓN
• Función del director general • Características de los líderes empresariales del siglo xxi • Asunción de nuevas funciones • Evolución y adecuación de los estilos de dirección • Prácticas adoptadas o promovidas en las organizaciones • Organización y prioridades de la agenda

Cambios en el entorno competitivo

Los cambios sociales, económicos y políticos que se han producido en las últimas décadas han transformado radicalmente el entorno en el que operan las empresas, haciéndolo mucho más complejo, dinámico y volátil. Entre los más significativos y de mayor impacto cabe destacar los que se detallan a continuación.

Globalización de la economía y sociedad de la información

La adopción masiva de internet y el advenimiento de la sociedad de la información, caracterizada por el uso generalizado e intensivo de las tecnologías de la información y la comunicación (TIC) que facilitan la creación, distribución y manipulación de la información, han dado paso a un modelo de sociedad postindustrial en que la creatividad, el conocimiento, la innovación y la adopción de nuevas tecnologías han tomado el relevo del capital y de la capacidad industrial como motor de transformación y progreso económico y social.

La internacionalización de los factores de producción, de la oferta y de la demanda que comporta la globalización ha impulsado estrategias competitivas diversas que van desde la apertura a nuevos mercados y clientes, la deslocalización de la producción a localizaciones con costos más bajos, el acceso a un mercado global de talento y, en fin, un largo etcétera de movimientos corporativos basados en las ventajas de la especialización, del acceso a nuevos mercados potenciales o a recursos críticos, y de las economías de escala, entre otros.

Pero, tras la pandemia mundial que lo paró todo, ¿podemos ir más allá y hablar de un ocaso de la globalización? Ciertamente, aunque algunos indicadores del comercio internacional se desplomaron, la caída de las exportaciones globales de mercancías ha sido mucho menor de lo que inicialmente se vaticinó. No parece nada probable que las actividades empresariales globales vayan a desaparecer, ni que la globalización pierda tanta intensidad como para que los responsables de dirigir la estrategia de las empresas limiten sus enfoques a sus países o regiones de origen.

Otra tendencia de cambio pasa por el arbitraje laboral: muchas personas aún asocian la globalización con la deslocalización masiva de la producción a países con salarios muy bajos, pero actualmente las estrategias basadas en fabricar en países con mano de obra muy barata para vender en países con rentas más altas ya no arrojan los extraordinarios márgenes de la década de 1990 y principios de los 2000. Su práctica está disminuyendo por que los salarios bajos ya no son la fuerza impulsora de los flujos comerciales mundiales.

Está cambiando también el valor de lo que se comercializa: a pesar de que los servicios son más difíciles de medir que los bienes, hoy sabemos que los flujos de servicios (TIC, I+D, innovación e inversión en activos intangibles, por ejemplo) y de datos (servicios digitales gratuitos, como transmisión de música y vídeo, búsquedas en internet, correo electrónico, etc.) tienen un papel muy relevante, que a menudo no se ve reflejado en las cuentas nacionales.

En los flujos de comercio mundiales se observa una mayor importancia de las estrategias basadas en el comercio intrarregional, un fenómeno que se asocia con la voluntad de las empresas de buscar proveedores y fabricantes más próximos geográficamente, y también más próximos culturalmente, ya que se trata de establecer relaciones más estables y profundas con ellos para poder colaborar de forma más estrecha a lo largo de la cadena de valor. Esta estrategia, además, permite aumentar la velocidad de comercialización, reducir las facturas de transporte y logística, y evitar costos de aranceles y aduanas, que en los últimos años han repuntado como consecuencia de las estrategias proteccionistas adoptadas por ciertos países.

Por último, no olvidemos el colapso de las cadenas de suministro globales causado por la pandemia, que generó cuellos de botella en las redes logísticas y de transporte de todo el mundo (congestión de puertos, retrasos en las entregas y aumento de las tarifas de flete en las principales rutas de envío entre China, Estados Unidos y Europa), con los consiguientes problemas de abastecimiento de distintos productos. Poco a poco este escenario se va diluyendo, aunque los expertos no se ponen de acuerdo en sus previsiones: hay quien piensa que se trata de un fenómeno coyuntural que se irá resolviendo, y hay quien opina que podría estar revelando problemas estructurales con efectos a más largo plazo.

Donde sí existe consenso, en cambio, es en la necesidad de aprovechar los efectos de la crisis para revaluar las cadenas de suministro globales de las empresas y de adaptarlas para lograr que sean más resilientes y sostenibles, de modo que puedan responder mejor ante futuros *shocks* y problemas de suministro, pero sin perder por el camino la competitividad, la agilidad y la eficiencia.

En definitiva, es innegable que se están produciendo una serie de transformaciones de fondo, algunas detectadas ya antes de la pandemia, que previsiblemente tendrán implicaciones importantes sobre las estrategias globales de las organizaciones en los próximos años.

Hábitos y preferencias del consumidor

En las últimas décadas se han producido y acelerado cambios socioeconómicos que han modificado los hábitos y preferencias de los consumidores a escala global. Estos fenómenos básicamente son de dos tipos: demográficos (creciente urbanización y concentración de la población mundial en grandes urbes; descenso en la natalidad y envejecimiento de la población en los países más desarrollados; crecimiento demográfico y expansión de la clase media en las economías emergentes, y creciente influencia de las nuevas generaciones de consumidores, *millennials* y generación Z) y económicos (integración de los mercados provocada por la globalización; creciente desigualdad en los niveles de renta, o el desplazamiento del poder económico hacia la región Asia-Pacífico, en detrimento del liderazgo que hasta ahora habían ostentado Estados Unidos y Europa). Y, por supuesto, a ellos se unen los cambios tecnológicos como la digitalización, el auge del comercio electrónico y la alta penetración de los teléfonos móviles inteligentes.

Todos ellos son fenómenos que tienen una influencia directa sobre los hábitos y preferencias de los consumidores, y que permiten trazar el perfil de un nuevo consumidor a partir de una serie de rasgos comunes que caracterizan, en general, al cliente del siglo XXI.

- **Digital y siempre conectado.** Diversas fuentes confirman que el crecimiento del comercio electrónico es un fenómeno al alza no solo asociado a la pandemia, que contribuyó a impulsar las ventas *online* por los confinamientos y las restricciones impuestas al comercio tradicional (sabemos que el comercio *online* en todo el mundo cerró 2020 con unas ventas totales un 47 % por encima de las de 2019). Además, los dispositivos móviles como las tabletas y los teléfonos inteligentes ya son los portales de compras preferidos, con funciones muy versátiles que ofrecen valiosas herramientas de investigación en los procesos de compra. El consumidor actual no solo está siempre conectado, sino que además prácticamente exige que las empresas también lo estén... espera respuestas inmediatas a cualquiera de sus quejas, opiniones y reclamaciones. Y esta tendencia ha llegado para quedarse.

- **Omnicanal.** El nuevo consumidor es multicanal y multidispositivo: transita indistintamente y con total naturalidad por distintos canales de comunicación y distribución, tanto *offline* como *online*, y combina el uso de distintos dispositivos para comprar o comunicarse con las marcas. Esto ha supuesto un enorme reto para la mayoría de empresas del canal minorista o *retail*, ya que las ha obligado a construir y a perfeccionar continuamente una estrategia omnicanal capaz de ofrecer a sus clientes una experiencia de compra satisfactoria y coherente, con independencia de cuál sea finalmente el canal elegido por el consumidor. Cosa nada fácil, ya que requiere una perfecta coordinación e integración entre tecnología, procesos y personas.

- **Concienciado.** Otro gran cambio que las empresas han notado invariablemente en las demandas de sus clientes y consumidores es el aumento del nivel de concienciación y de exigencia respecto a las prácticas y valores que manifiestan las empresas en aspectos relacionados, sobre todo, con el respeto al medio ambiente y con la sostenibilidad, entendida en el sentido más amplio: ambiental, social y económica. Las decisiones de compra se basan, por ejemplo, en cómo tratan las empresas a su propia gente y empleados, en cómo tratan el medio ambiente o en cómo apoyan a las comunidades en las que operan. El nuevo consumidor elige productos sostenibles para ayudar a la protección del medio ambiente, busca *packaging eco-friendly*, piensa en evitar el uso del plástico y está dispuesto incluso a pagar más por alimentos producidos localmente. En definitiva, todo apunta a que los consumidores priorizan los productos y servicios de aquellas compañías con un propósito claro y observable que contribuya a la creación de un impacto positivo para la sociedad.

- **Exigente.** La tecnología ha puesto en las manos del consumidor un poder de influencia como nunca antes lo había tenido. Ahora tiene toda la información a su alcance y la utiliza. Este aumento de las expectativas implica la revisión y mejora de aspectos críticos como la conveniencia, la disponibilidad, la velocidad en la entrega, la inmediatez y la calidad del servicio que espera recibir. Ello implica que cada vez los consumidores presionan más para que los minoristas y *retailers* también ofrezcan opciones de entrega más rápidas y económicas. De hecho, los expertos esperan que la entrega instantánea se convierta pronto en la norma.

  Otro fenómeno que va claramente al alza es el de la personalización, que puede ayudar a las marcas a lograr mejores resultados en términos de ventas y a alcanzar nuevas audiencias. Hoy en día el seguimiento de los comportamientos del consumidor es una práctica común, ya que la tecnología permite utilizar patrones pasados para construir experiencias de compra personalizadas para cada cliente, ajustando la oferta a sus preferencias e intereses y mostrando, por ejemplo, sugerencias basadas en sus interacciones recientes con la marca, con el fin, en última instancia, de mejorar su experiencia de compra.

- **Social.** El consumidor actual, y especialmente los *millennials* y la generación Z, se muestra muy activo socialmente. No solo se comunica e interactúa con las marcas a través de distintos canales, sino que también participa activamente en la construcción de la imagen de marca, comunicándose y compartiendo información, opiniones y experiencias con otros consumidores, prescriptores e *influencers* a través de aplicaciones móviles, redes sociales y blogs. Pero la influencia de las redes sociales no se queda, ni mucho menos, ahí, sino que se extiende por el resto de canales. Esto no ha pasado desapercibido a las marcas, que han visto en las redes sociales otra forma conveniente de mostrar sus productos. La confianza se ha convertido en un elemento crucial para el éxito de las marcas, ya que se les exige ser auténticas, responder a las preocupaciones de los consumidores, hacerse responsables de los contratiempos e incluso posicionarse en temas sociales y culturales relevantes (como quedó demostrado con las campañas de protesta ciudadana del *#Me Too* o del *#Black Lives Matter*). En definitiva, en una era en la que los clientes esperan transparencia, autenticidad y ética, la confianza adquiere nuevos matices. Y el desafío de las empresas para ganársela cobra mayor importancia.

Todo por la experiencia del consumidor

Si hay un concepto que resume la evolución de las tendencias de *marketing* en los últimos diez años ese es, sin duda, el de la experiencia del consumidor. Tanto es así que cada vez son más las empresas que han instaurado la figura del *chief experience officer* (CXO) o responsable de experiencia, para reforzar el desarrollo de una experiencia del consumidor capaz de marcar la diferencia al más alto nivel directivo. Hoy día sabemos que ese aspecto bien gestionado crea relaciones más duraderas y una mayor conexión emocional entre la marca y el consumidor. Pero, ¿qué hace que una experiencia del consumidor sea verdaderamente satisfactoria y superior a la de los competidores? Algunos de los factores que más contribuyen a ello son los siguientes.

- **Primero, lo esencial.** Es decir, velocidad, conveniencia, ayuda experta y un servicio cordial, junto con la información adecuada en el momento adecuado, son la clave del éxito. Los clientes esperan que la tecnología siempre funcione: que el diseño de los sitios web y las aplicaciones móviles sea elegante y fácil de usar, y que la automatización les facilite la experiencia, pero sin olvidar lo esencial.

- **Atención al cliente.** La comprensión de las necesidades de los clientes y la comodidad para acceder a la oferta de las empresas fomentan su diferenciación, ya que las experiencias en la atención al cliente son esenciales para conseguir aumentar su satisfacción global. No debemos olvidar que una experiencia positiva en el servicio de atención al cliente hace más probable otra compra, y que muchas veces esas decisiones de compra están basadas en la calidad de la atención recibida.

- **Experiencia integrada.** La capacidad de ofrecer una experiencia del cliente integrada y «sin costuras» *(seamless)* es otra de las claves para proporcionar las experiencias fiables, empáticas y prácticas que los clientes demandan. Se puede empezar por reducir las fricciones en el «viaje del consumidor» *(consumer journey),* trabajando por mejorar los puntos débiles en las distintas interfaces o puntos de contacto, tanto físicos como virtuales, de la marca con sus clientes. En este punto todavía hay recorrido para la mejora, ya que existe una brecha *(gap)* entre las expectativas de los clientes y lo que finalmente obtienen de las empresas; por ejemplo, las principales razones de abandono del proceso de compra *online* son los extras (como tasas, impuestos, y costos de envío o de devolución), el tener que crear una cuenta de usuario para poder comprar, los procesos de *check-out* largos o complejos, la dificultad para ver de antemano el costo total de una compra y la lentitud en la entrega.

- **El toque humano.** Las personas se están acostumbrando a interactuar con aplicaciones, cajas de autoservicio, sitios web y similares. Pero en el momento en que algo sale mal, quieren poder hablar con una persona. Y eso seguirá siendo así, e incluso irá a más, a medida que la tecnología avance y la automatización se vuelva cada vez más frecuente. La experiencia del empleado es la piedra angular sobre la que se construye una experiencia del cliente superior y diferenciada: la satisfacción del cliente puede ser una métrica clave para evaluar la productividad de los empleados.

Digitalización e innovaciones disruptivas

El proceso de digitalización de la sociedad se ha acelerado notablemente en la última década, por el espectacular incremento en el volumen de datos electrónicos que circulan, por la ubicuidad de las tecnologías móviles y por el creciente poder de la inteligencia artificial para transformar esos datos en conocimiento.

La revolución digital avanza cada vez más deprisa. Y lo impregna todo. En menos de una década hemos visto nacer plataformas de contenidos audiovisuales en *streaming,* servicios de alojamiento de archivos multiplataforma en la nube, aplicaciones de mensajería instantánea para teléfonos inteligentes que prácticamente han eliminado los mensajes sms, y programas de *software* para la realización de videoconferencias (que salvaron la vida a millones de empresas y particulares durante lo más duro de la pandemia).

La información y el conocimiento están al alcance de todos y a solo unos clics de distancia. Emergen nuevas formas de ocio y entretenimiento. En definitiva, se multiplican exponencialmente las oportunidades para las personas de disfrutar de nuevas experiencias. Y también las de las empresas para crear y capturar valor al tratar de satisfacerlas.

Innovaciones disruptivas

Por innovación disruptiva se entiende un concepto, producto o servicio que interrumpe en un mercado existente o crea un segmento de mercado completamente nuevo alterando significativamente alguno o varios de los eslabones de la cadena de valor tradicional. Eso ocurre, normalmente, cuando un nuevo participante entra en la competición con una nueva tecnología o un nuevo modelo de negocio (o con una combinación de ambos), ofreciendo un nuevo tipo de valor que difiere significativamente del que ofrecen los operadores incumbentes de ese mercado.

Las innovaciones disruptivas no necesariamente tienen que estar asociadas a un desarrollo tecnológico, como por ejemplo fue el lanzamiento de la marca Nespresso: creó un nuevo segmento de mercado —el de las cafeteras *espresso* domésticas y el café *premium* en formato cápsulas, que no existía—, un nuevo modelo de negocio —captar a los clientes mediante la venta de cafeteras a un precio razonable y fidelizarlos para capitalizar la relación con la venta de las cápsulas— e incluso un nuevo modelo de comercialización y *branding,* pues en lugar de comercializarse en los supermercados, como el resto de marcas de café, Nespresso apostó por su propia red de distribución, una serie de tiendas tipo *boutique* en lujosos emplazamientos, diseñadas para ofrecer a los clientes una experiencia de compra superior.

Pero bien es cierto que con la digitalización se han multiplicado las posibilidades de desarrollar modelos de negocio innovadores que, como el de Nespresso, han supuesto una auténtica disrupción de los mercados tradicionales.

En el ámbito digital, el ejemplo por excelencia de disrupción es seguramente el de Amazon, que revolucionó por completo el mundo del comercio *online* —y de paso el de todo el comercio, a secas— reuniendo en una única plataforma digital a millones de compradores, vendedores y productos. Y ¿qué ha supuesto esta revolución?

- Para los compradores, la posibilidad de acceder a una amplísima oferta de productos para comprar *online* desde un único sitio, además de la posibilidad de recibirlos a domicilio de forma rápida y económica.
- Para los vendedores, la posibilidad de comercializar sus productos en internet, sin tener que invertir en la creación y el desarrollo de sus propias plataformas de *e-commerce,* y de hacerse visibles y accesibles para una enorme base de clientes potenciales.
- Y para Amazon, consolidar una de las mayores plataformas de comercio *online* del mundo; capaz, además, de generar importantes efectos de red y sobre la que ha construido una estrategia de diversificación de su negocio que le ha permitido generar nuevas líneas de ingresos, aprovechando la comunidad que ha creado para atraerla hacia nuevos productos y servicios (Amazon Prime Video, Amazon Music, o su oferta de soluciones de computación en la nube Amazon Web Services), entre otros.

El de Amazon es un caso paradigmático de disrupción provocada por la tecnología, pero podemos citar muchos otros ejemplos de modelos de negocio innovadores que han florecido gracias al desarrollo de las tecnologías digitales y que han generado una importante disrupción en la cadena de valor tradicional de distintos sectores e industrias. Veamos algunos tipos y ejemplos.

- **Modelos de suscripción.** El usuario utiliza el producto o servicio a cambio del pago de una cuota que le permite acceder a él durante un periodo determinado. Es el modelo que utilizan las plataformas de contenidos de vídeo y música *online* como Netflix, Apple Music o Amazon Prime Video.

- **Modelos 'gratuitos'.** El usuario no paga por el producto o servicio que consume, sino que lo recibe a cambio de aceptar contenidos publicitarios durante su uso o de ofrecer sus datos personales a la compañía que lo presta, que puede utilizarlos con fines comerciales o venderlos a terceros para que hagan lo propio. Obviamente, el producto o servicio no es realmente 'gratuito' (de ahí el uso de las comillas) porque, como se suele decir en estos casos, «si no pagas por el producto, *tú* eres el producto». Así funcionan, por ejemplo, los servicios de correo electrónico, el buscador de Google o las redes sociales como YouTube, Facebook, X (Twitter) o Instagram.

- **Modelos *freemium.*** Como su propio nombre indica, son un modelo a caballo entre los servicios gratuitos *(free)* y los modelos de suscripción *(premium)*. El cliente o persona usuaria puede acceder al servicio sin pagar por él y de forma ilimitada si acepta recibir publicidad, o pagar una cuota de suscripción que le permite disfrutar del contenido sin interrupciones publicitarias durante un periodo establecido. Ejemplos de este modelo son Spotify, LinkedIn o Dropbox.

- **Modelos de acceso sobre propiedad.** En lugar de pagar por un producto que normalmente solo se puede disfrutar si se adquiere, la persona puede acceder a él pagando por su uso y solo cuando lo necesita, como un alquiler. Es la idea tras el éxito, por ejemplo, de Airbnb. Introduce disrupción en el mercado porque brinda acceso temporal a bienes y servicios que tradicionalmente solo estaban disponibles mediante la compra y porque, además, está basado en los principios de la economía colaborativa. El negocio de este tipo de plataformas no está propiamente en el producto o servicio que se ofrece, ni tampoco en la publicidad, sino en la comisión que obtienen de las personas que monetizan sus activos (casa, automóvil, capital) prestándolos o alquilándolos a otras personas.

- **Modelos bajo demanda** *(on demand)*. Ofrecen el acceso instantáneo a productos y servicios a cambio de pagar una pequeña comisión a un intermediario que actúa como facilitador y mediador entre la oferta y la demanda. Normalmente, se trata de una plataforma *online* (el intermediario) que conecta a personas con dinero pero sin tiempo (la demanda) que pagan por los bienes y servicios entregados por personas con tiempo pero sin dinero (la oferta). Así funcionan negocios como Uber y TaskRabbit.

- **Modelos de *marketplace*.** Constituyen un enorme mercado virtual que reúne cientos de miles e incluso millones de compradores, vendedores y productos en una única plataforma. Crean disrupción porque, gracias a su tamaño y escalabilidad, generan efectos de red que hacen que su poder de mercado aumente a medida que crecen las personas usuarias, haciendo cada vez más difícil al resto de operadores poder competir en variedad de oferta, disponibilidad y precios. Es el modelo de éxito inicial de Amazon, pero también el de la App Store, la tienda *online* de aplicaciones móviles de Apple, o el de eBay, la plataforma líder en la compraventa *online* de artículos de segunda mano.

- **Modelo de experiencia.** En este caso, a diferencia de los anteriores, la disrupción no está asociada al uso de plataformas *online*, sino en la capacidad de la empresa de ofrecer, tecnología mediante, una experiencia del cliente o usuario superior por la que las personas están dispuestas a pagar un precio mayor. Como es el caso, por ejemplo, de Tesla y de Apple.

En resumen, la expansión de la digitalización y la creación de aplicaciones y plataformas *online* que ponen en contacto a proveedores y clientes, coordinando la oferta y la demanda a un costo residual y prácticamente a tiempo real, ha favorecido el florecimiento de numerosas iniciativas empresariales con modelos de negocio innovadores que han alterado significativamente la cadena de valor de las industrias tradicionales. Aunque la innovación no siempre está en la propia tecnología, sino en las formas de crear y capturar valor. En otras palabras: la tecnología no es el fin, sino un medio para crear formas novedosas de servir las necesidades de los clientes y de satisfacer sus expectativas para ofrecerles una experiencia del usuario distinta y superior.

Convergencia de tecnologías, mercados e industrias

En el primer capítulo hemos visto el cambio de paradigma que describía Peter Drucker a propósito de los condicionantes que definen el marco en que operan las organizaciones del siglo XXI en contraposición a los que regían para las organizaciones del siglo xx. Uno de los que citaba era precisamente el paso de las «tecnologías únicas» (es decir, cada tecnología pertenecía a una industria en particular y, a la inversa, a cada industria le pertenecía una y solo una tecnología) a las «tecnologías transversales».

En el siglo xxi, en cambio, hay un proceso de convergencia de tecnologías e industrias con el despliegue y avance de las TIC y con la revolución digital que han protagonizado. Una revolución que sigue avanzando, cada vez más deprisa, y que configura un nuevo escenario en que las distintas tecnologías existentes se combinan e interactúan entre ellas diluyendo las fronteras que tradicionalmente habían separado a distintos sectores, mercados y actores. Que es, de hecho, la principal característica definitoria de la Cuarta Revolución Industrial.

La Cuarta Revolución Industrial

La Primera Revolución Industrial utilizó la energía del agua y del vapor para mecanizar la producción; la Segunda utilizó la energía eléctrica para crear la producción en masa, y la Tercera utilizó la electrónica y las TIC para automatizar la producción. Ahora estamos refiriéndonos a avances en distintas áreas punteras, como la inteligencia artificial y el procesamiento de lenguaje (por ejemplo, el *software* ChatGPT), el internet de las cosas (IoT), la computación en la nube, el aprendizaje automático *(machine learning),* la robótica, las tecnologías de análisis y procesamiento de datos masivos *(big data),* la impresión 3D, la fabricación aditiva, la computación cuántica, la nanotecnología y la biotecnología, entre otras. Es la Cuarta Revolución Industrial.

La figura 2.1. ilustra gráficamente las cuatro revoluciones industriales y las tecnologías que las han hecho posibles.

Lo revolucionario de estas tecnologías es el modo en que se combinan e interactúan, y sobre todo la velocidad, el alcance y el impacto que tendrán en los sistemas de producción, gestión y gobernanza.

Al igual que las revoluciones que la precedieron, la también llamada *industria 4.0* tiene el potencial de elevar los niveles de renta globales y de mejorar la calidad de vida de todas las sociedades del mundo. Pero también tiene el potencial de acentuar las desigualdades sociales, especialmente por su capacidad para

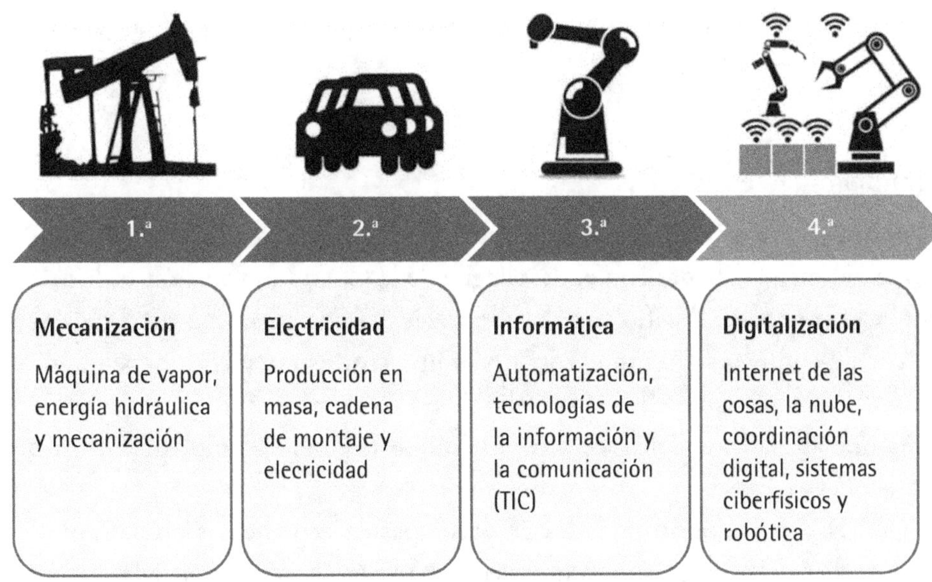

Figura 2.1. Las cuatro revoluciones industriales.

perturbar los mercados laborales, ya que la automatización puede provocar un desplazamiento neto de la mano de obra y exacerbar la brecha entre los rendimientos del capital y los rendimientos del trabajo.

En cuanto a los efectos en las empresas, se espera que el paso inexorable de la simple digitalización a la innovación basada en combinaciones de tecnologías impacte en las organizaciones de cuatro formas principales: con el cambio en las expectativas de los clientes, que esperan que los avances tecnológicos se utilicen para mejorar su experiencia como consumidores; en la mejora de productos y servicios, que aumentarán su valor con la creciente incorporación de capacidades digitales; en la necesidad de apostar por la innovación colaborativa, por la velocidad de la innovación y la disrupción en un mundo de experiencias de clientes, servicios basados en datos y rendimiento de activos a través de la analítica avanzada, y en la adopción de nuevas formas organizativas, ya que habrá que repensar el talento, la cultura y las arquitecturas de las empresas.

No es aventurado apuntar que ya deberíamos prepararnos para una (aparentemente aún lejana) Quinta Revolución Industrial, en la que se pondrá el foco en cómo lograr un mundo mejor y en el que la ética tendrá un papel fundamental.

Economía de ecosistemas

La convergencia de tecnologías e industrias que ya estamos viendo, y que alcanzará cotas insospechadas con el despliegue de la Cuarta Revolución Industrial, implica un enorme desafío para las empresas, ya que en un número cada vez mayor de contextos la empresa ya no es un actor estratégico independiente, sino que su éxito depende de la colaboración con otras empresas en un ecosistema que abarca múltiples sectores. Es lo que se conoce como «economía de ecosistemas».

Con las nuevas oportunidades de participar en ecosistemas más amplios y con muchas más partes implicadas, llegan también nuevas potenciales amenazas. Las empresas están aprendiendo que su radio de acción debe extenderse más allá de sus propios límites e incluso más allá del sector o industria en el que tradicionalmente se habían circunscrito.

La creciente importancia que están adquiriendo los ecosistemas empresariales está vinculada, según el economista británico Michael G. Jacobides, a la confluencia de tres grandes cambios estructurales:

- Retroceso en las protecciones regulatorias, lo que implica que las organizaciones de otros dominios son libres de asociarse para ofrecer ofertas más integradas.
- Difuminación de la separación entre productos y servicios, que ha fomentado el surgimiento de paquetes de productos y servicios proporcionados por redes de proveedores interdependientes.
- Y una tecnología que está revolucionando la forma en que las empresas pueden servir a sus clientes.

Ejemplos de ello son compañías como la estadounidense Amazon, la japonesa Rakuten o la china Tencent, que actualmente operan en ecosistemas mucho más grandes y complejos que los que les vieron nacer. Pero este fenómeno no se limita a las compañías nativas digitales. Cada vez más empresas compiten simultáneamente en múltiples sectores, llegando incluso a reinventar los límites de las industrias en las que operan, gracias a la convergencia de mercados y sectores que permiten los nuevos desarrollos tecnológicos y a las alianzas estratégicas con otros *partners*.

Pero ¿qué tipo de estrategias y ventajas persiguen las empresas que crean o se integran en ecosistemas? Normalmente, lo hacen con el objetivo de expandirse hacia nuevas áreas de negocio, de abordar las nuevas necesidades de los clientes, de identificar nuevas oportunidades de crecimiento, de crear un nuevo valor para sus marcas, de ampliar sus capacidades asociándose con terceros, de compartir los riesgos y costos de la innovación, o de construir ventajas competitivas diferenciales.

Adaptarse a este nuevo paradigma competitivo pasa por lograr que las empresas vayan más allá de los silos industriales y reconozcan que operan en ecosistemas más amplios, lo que requiere repensar las capacidades, la marca, las asociaciones y toda su existencia.

El mercado de trabajo

El mercado laboral global se encuentra en un momento de cambios trascendentes. A los efectos de la pandemia global, que pueden tener consecuencias a largo plazo —más opciones de teletrabajo, más flexibilidad, modelos de trabajo híbridos…—, hay que sumar el impacto que está teniendo la incorporación al mercado de trabajo de las nuevas generaciones de empleados *(millennials* y generación Z) y, sobre todo y fundamentalmente, la progresiva pero imparable transición hacia un futuro en el que el trabajo en las organizaciones se repartirá entre humanos, máquinas y algoritmos.

Según el último informe sobre el futuro del trabajo que elabora el Foro Económico Mundial, se espera que el ritmo de adopción de la tecnología siga aumentando y que incluso pueda acelerarse en algunas áreas. Actualmente, los líderes empresariales están priorizando la adopción del *cloud computing*, el *big data* y el comercio *online*, siguiendo con la tendencia de años anteriores. Sin embargo, está creciendo de forma significativa el interés en otras innovaciones tecnológicas como la encriptación, los robots no humanoides y la inteligencia artificial.

La automatización, combinada con la recesión provocada por la pandemia, está situando a los empleados ante un escenario de «doble disrupción»: por un lado, está la contracción económica inducida por los distintos cierres de emergencia *(lockdowns)* y confinamientos obligatorios; por otro, la creciente adopción tecnológica, que transformará las tareas, los empleos y las capacidades que demandarán las empresas en los próximos cinco años.

La *gig economy* y los acuerdos de trabajo alternativos

La digitalización también ha favorecido en los últimos años el surgimiento de nuevas formas de relación laboral y contractual entre trabajadores y empresas que se han materializado en un aumento de los acuerdos de trabajo alternativos y en una menor prevalencia del trabajo por cuenta ajena.

Las plataformas digitales de trabajo se han multiplicado por cinco en el último decenio, según datos de la Organización Internacional del Trabajo. Se observa con este modelo una *tercerización* del trabajo mediante convocatorias abiertas a una audiencia geográficamente dispersa (una modalidad también conocida como *crowdwork),* o bien a través de aplicaciones móviles con geolocalización. Así, podemos distinguir entre dos grandes categorías de plataformas:

- *Plataformas de trabajo en línea,* en las que los trabajadores realizan tareas o encargos *online* o de forma remota, como servicios de consultoría, proyectos de diseño, trabajos de programación, y otro tipo de trabajos propios de los profesionales autónomos y *freelance.*
- *Plataformas de trabajo localizado,* en las que los trabajadores llevan a cabo sus tareas de forma presencial en ubicaciones geográficas específicas e incluyen servicios como el transporte en vehículo con conductor (VTC), el reparto de mercancías (transportistas, mensajeros, *riders),* las reparaciones a domicilio (fontaneros, electricistas), el trabajo doméstico o la prestación de cuidados (canguros, cuidadores, atención a personas mayores).

El auge de las plataformas digitales de trabajo se enmarca en un fenómeno económico y social más amplio basado en la denominada «economía *gig*

(gig economy)». El término *gig,* que en español podríamos traducir como 'bolo', hace referencia a los conciertos y actuaciones que hacen los artistas en sus giras por distintos sitios. Aplicado al mundo de la economía, hace referencia a los trabajos y tareas puntuales que llevan a cabo los profesionales independientes por encargo y para terceros con los que no tienen una relación laboral fija, por ejemplo: autónomos, consultores, contratistas y profesionales independientes, y trabajadores con contrato temporal; por tanto, podemos deducir que no todos los trabajos *gig* son iguales y que se aprecian enormes diferencias en los niveles de motivación, compromiso y satisfacción con el equilibrio entre la vida personal y profesional.

No es casual que muchas de estas plataformas digitales nacieran al calor de la crisis económica global que estalló en 2008. Muchos trabajadores que perdieron su empleo o vieron recortados sus sueldos a raíz de la crisis encontraron un empleo o una forma de completar sus ingresos por esta vía: por ejemplo, realizando pequeños arreglos y reparaciones domésticas a través de TaskRabbit (creada en 2008); alquilando casas, habitaciones o segundas residencias en Airbnb (en 2008), u ocupándose como conductores y chóferes ocasionales en Uber (en 2009).

Sin embargo, a estas se añadieron pronto otras especializadas en otro tipo de trabajos, más técnicos y cualificados y, generalmente mejor remunerados, como Freelancer (en 2009) y Upwork para los profesionales *freelance* (2015), Flexjobs (2007) para trabajos relacionados con las TIC, 99Designs (2008) para trabajos de diseño gráfico, Kaggle (2010) e Innocentive (2001) para la innovación y el *crowdsourcing,* o Toptal (2010) y Catalant (2013), que actúan como *marketplaces* en el segmento de los profesionales altamente cualificados y con experiencia y de la consultoría, respectivamente.

A las empresas, que se enfrentan a un déficit crónico de habilidades y a un mercado laboral demográficamente muy cambiante, estas plataformas les han servido para acceder bajo demanda a los servicios de un *pool* de talento formado por profesionales altamente cualificados. Aunque el proceso se está produciendo desde un enfoque meramente transaccional, sin un abordaje estratégico que permita aprovechar al máximo el potencial que ofrecen, estas plataformas serán esenciales para la capacidad de competir en el futuro de las organizaciones.

La generación *millennial* y la generación Z

El desembarco en el mercado laboral de la generación *millennial* y, en menor medida, la incipiente incorporación de los miembros de la generación Z, ha sido y está siendo uno de los principales motores de cambio en el mercado laboral, ya que han introducido nuevos elementos al contrato social entre las empresas y los empleados que ya están teniendo su impacto en las políticas de recursos humanos de las empresas y en la adaptación de su cultura organizativa a las demandas de las nuevas generaciones de empleados. Pero, ¿quiénes son? ¿Cómo son? ¿Qué quieren y qué no quieren en el trabajo?

Millennials

Los miembros de la generación *millennial,* también llamada generación Y, son aquellos que ahora tienen, aproximadamente, entre 25 y 40 años (el rango de edades exacto para cada generación varía ligeramente según la fuente).

Los *millennials* han crecido en la cultura de la inmediatez y rodeados constantemente de nuevos estímulos, y eso ha marcado un carácter ávido de nuevas experiencias y cortoplacista. Son la primera generación con una visión global del mundo, lo que les hace estar más concienciados con los problemas que afronta la sociedad global —la desigualdad social, la emergencia climática, la escasez de recursos— y también ser mucho más abiertos y tolerantes con la diversidad que sus predecesores. Por otra parte, y dado que crecieron rodeados de tecnología, son muy hábiles en el uso de los medios y herramientas digitales.

Su incorporación al mercado laboral coincide mayoritariamente con la crisis financiera global de 2008 y con la posterior resaca en forma de recesión económica, por lo que no les ha sido nada fácil.

Muestran un desapego a las instituciones y tradiciones, y son la generación menos comprometida con su trabajo, la que tiene unas tasas de rotación más elevadas y con unas puntuaciones más bajas en bienestar. Aun con eso, se les considera una generación idealista, resiliente, impulsada por valores y ambiciosa a su manera. Por otra parte, son ambiciosos en tanto que desean ejercer posiciones de liderazgo y responsabilidad, aunque esta ambición no está necesariamente relacionada con la adquisición de bienes materiales o de un cierto estatus social. En general, prefieren disfrutar a poseer, y acumular experiencias a atesorar propiedades.

La generación *millennial* también destaca por no marcar una frontera clara entre trabajo y vida personal; esperan flexibilidad y un balance equilibrado entre vida y trabajo, y rápidamente se alejarán de aquellas empresas que no se ajusten a su idea de lo que debe ser una vida bien vivida. Y su concepción de la autoridad nada tiene que ver con el de las generaciones precedentes. En este sentido, su educación ha sido mucho más laxa y permisiva, por lo que necesitan una gran cercanía por parte de sus líderes, que les animen y les guíen, pero sin autoerigirse en un modelo ni ostentar la autoridad.

Generación Z

Los miembros de la generación Z, la que sucede a la generación *millennial*, tienen ahora aproximadamente entre 7 y 22 años. Son los primeros nativos digitales. Nacieron con la expansión masiva de internet y cuando el uso de los *smartphones* ya estaba muy extendido, y han crecido mirando contenidos más en las pantallas de móviles y tabletas que en la televisión. Igual que los *millennials*, dominan las tecnologías, aunque ellos hacen un uso todavía más social y móvil.

De ellos se dice que son más pragmáticos, analíticos y emprendedores que los *millennials*, que aprenden rápido y de forma autodidacta, y que son creativos, adaptables y algo más irreverentes. Aunque quizás uno de los rasgos más característicos de esta generación es su búsqueda de la autenticidad: valoran mucho la expresión individual, huyen a toda costa de las etiquetas y son personas genuinamente abiertas y tolerantes.

Todos estos comportamientos de la generación Z influyen en su forma de entender el consumo y de relacionarse con las marcas. Las empresas que deseen sintonizar con ellos deben tener en cuenta tres implicaciones importantes: que para ellos el consumo significa acceso más que propiedad, que es una forma más de expresión de la identidad individual, y que es una cuestión de preocupación ética.

Nuevas dinámicas laborales

Según los análisis de Deloitte, que lleva ya una década realizando una encuesta anual global a los *millennials*, esta generación comparte una visión del mundo impulsada por un propósito y que el éxito empresarial debería medirse por algo más que los beneficios que obtiene una empresa. Sin embargo, a día de hoy casi el 70 % de los *millennials* todavía cree que las empresas se centran en sus propias agendas en lugar de considerar a la sociedad en general, lo que indica que persiste una brecha de confianza.

De hecho, el impacto social de las empresas y la ética de sus actuaciones, incluyendo la de sus líderes y representantes, son las razones más comunes por las que los *millennials* deciden cambiar sus relaciones con las compañías. Tanto si actúan como empleados como si lo hacen como consumidores.

El salario y los beneficios siempre se han considerado prioritarios a la hora de evaluar un nuevo trabajo, pero la existencia de una cultura corporativa atractiva y de un entorno laboral positivo ocupan ya el segundo lugar. La encuesta Deloitte de 2016 ya reveló que el 56 % de los *millennials* habían descartado trabajar para algunas empresas debido a sus valores o conducta. En 2019, el 15 % de los que habían dejado sus trabajos recientemente citaron la falta de esos valores, la diversidad y la inclusión en sus lugares de trabajo, como una razón para dejar sus trabajos.

Otro aspecto muy característico de las nuevas generaciones de empleados es la búsqueda de una flexibilidad laboral que les permita conseguir un balance adecuado entre trabajo y vida personal. En general, priorizan su bienestar personal, buscan una mayor conciliación y además están abiertos a cambiar de trabajo para obtener lo que quieren. También la falta de apoyo y de oportunidades para crecer profesionalmente suelen estar entre las principales razones por las que dejarían un empleo.

En resumen, los empleados más jóvenes se sienten atraídos por empresas con una cultura y valores sólidos que estén en línea con sus propios ideales y estilo de vida.

Necesitan sentir que lo que hacen vale la pena y que tiene un significado más allá de ganar dinero, ya que les motiva ser parte de algo importante que afecta positivamente a su entorno. Además, su experiencia en el trabajo tiene un impacto enorme en los resultados empresariales, puesto que en muchos países ya representan la parte más numerosa de la fuerza laboral, por lo que las empresas harían bien de seguir algunos de los consejos que los especialistas dan para adecuarla a sus expectativas. Por ejemplo:

- Desarrollar una cultura corporativa con la que puedan identificarse.
- Generar un ambiente laboral más plano y colaborativo.
- Ofrecer oportunidades de desarrollo y aprendizaje.
- Introducir medidas de retribución «flexibles».
- Reconocer y aprovechar sus habilidades digitales.

Otro fenómeno que está contribuyendo a cambiar las dinámicas del mercado laboral es la mayor movilidad y rotación de los empleados, que cambian con mucha mayor frecuencia de trabajo de lo que lo hacían sus antecesores. Ahora es más una excepción que la norma que una persona trabaje para toda la vida en una misma empresa. Y no hablamos solo de los *millennials*.

Los cambios económicos y sociales de los últimos años han modificado la realidad competitiva de las empresas, pero también las prioridades y la manera de entender el desarrollo profesional de las personas que trabajan en ellas. Según algunos investigadores, las *carreras profesionales*, entendidas como una progresión lineal, ascendente y continua (a menudo dentro de una misma empresa), han sido sustituidas por las *trayectorias*, mucho más flexibles, frecuentemente discontinuas (caben cambios de sector o de profesión, años sabáticos o formativos e incluso periodos de inactividad) y, en definitiva, adaptadas a las necesidades del mercado y del ritmo vital de la persona y de su entorno familiar. Y todo ello va a implicar gestionar otros parámetros, como son la flexibilidad espacial y horaria, relaciones de desarrollo, visibilidad, transparencia y gestión de la diversidad.

Demanda de una mayor transparencia y legitimidad social a las empresas

En los últimos años se han producido distintos movimientos políticos, económicos y sociales que han obligado a las empresas a replantearse cuál debe ser su papel en la sociedad. Citaremos los más relevantes.

Transparencia, responsabilidad y rendición de cuentas

El acceso universal a la información y la democratización de las TIC han favorecido un mayor escrutinio público sobre la actividad de las empresas y sobre los efectos de sus actuaciones en los distintos ámbitos que conciernen al conjunto de la sociedad, como el progreso económico, el bienestar social y el impacto ambiental. Esta mayor fiscalización por parte de la ciudadanía y las instituciones, además, se ha visto favorecida y ampliada por el poder de los nuevos medios de comunicación y las redes sociales, que facilitan la asociación y la creación de grupos de presión capaces de organizar campañas de boicot a los productos de una empresa si consideran que ha actuado de manera ilícita y acabar con la reputación de una marca prácticamente de la noche a la mañana.

Las propias empresas han considerado necesario redoblar y comunicar sus esfuerzos de mejorar sus políticas de transparencia, rendición de cuentas *(accountability)* y responsabilidad social para contrarrestar los efectos de la crisis de confianza que generaron los múltiples escándalos empresariales que se produjeron a partir de la década de los 2000 —como el fraude fiscal y la quiebra de Enron, la estafa piramidal de Bernie Madoff, el vertido de crudo de BP en el golfo de México o, más recientemente, el *dieselgate* de Volkswagen, por citar algunos de los casos más sonados— y, muy especialmente, la gran crisis de 2008, que se inició con las hipotecas *subprime,* provocó la caída de Lehman Brothers y sumió a las principales economías del mundo en una larga y profunda crisis financiera, situando el nivel de confianza en las instituciones en mínimos históricos.

Desde entonces, y aunque el concepto de responsabilidad social corporativa (RSC) es anterior, el número de iniciativas y acciones que han impulsado las empresas para demostrar su compromiso social, ambiental y con el buen gobierno corporativo ha experimentado un crecimiento espectacular. Como también lo han hecho la comunicación, el *reporting* y la publicación de todo tipo de índices, métricas e informes relacionados con este tipo de actividades.

La evolución hacia un nuevo modelo de capitalismo

Sin embargo, y a pesar de los notables y variados esfuerzos que las empresas han hecho por satisfacer esta mayor demanda de transparencia y responsabilidad social, y por mejorar su reputación corporativa, el debate de fondo sobre el papel que deben tener las empresas va mucho más allá. Cada vez son más las voces que abogan por la necesidad de evolucionar hacia un nuevo modelo de capitalismo que ponga los intereses de todos los grupos de interés o *stakeholders* de las compañías al mismo nivel, evitando que los intereses de una sola parte —el accionariado o *shareholders* de una compañía— se antepongan e incluso perjudiquen a los del resto de partes implicadas, ya sean sus empleados, clientes y proveedores, el medio ambiente o el conjunto de la sociedad.

Abrazar este nuevo capitalismo refundado, el llamado «capitalismo de los grupos de interés» o «capitalismo de los *stakeholders*», implica que las empresas adopten como propósito central la creación de valor compartido, sostenible y a largo plazo para todas las partes interesadas. Algunos organismos e instituciones de gran relevancia ya se han posicionado al respecto, dando un protagonismo renovado a un debate que no es nuevo.

Uno de los primeros en hacerlo fue Larry Fink, fundador, presidente y consejero delegado de BlackRock, la mayor gestora de fondos del mundo. En una carta dirigida a los CEO de las empresas que gestiona, titulada precisamente «Un sentido de propósito», exhortaba a todas las compañías a adoptar un propósito que articule cómo benefician a todos sus grupos de interés, porque «la sociedad demanda que las compañías, tanto públicas como privadas, sirvan a un propósito social». Para prosperar en el tiempo, añadía, las compañías no solo deben entregar resultados económicos, sino también «mostrar cómo hacen una contribución positiva a la sociedad. Las empresas deben beneficiar a todas sus partes interesadas, incluidos los accionistas, los empleados, los clientes y las comunidades en las que operan».

Con este compromiso se asume un cambio de enfoque radical en la política que se ha mantenido durante varias décadas, y que priorizaba la maximización de los beneficios del accionariado por encima de cualquier otra consideración.

Finalmente, hay que destacar también la contribución del Foro de Davos de 2020 organizado por el Foro Económico Mundial, en cuyo manifiesto sobre «El propósito universal de las empresas en la Cuarta Revolución Industrial» se asume que el propósito de las empresas es «colaborar con todos sus *stakeholders* en la creación de valor compartido y sostenido», porque una empresa «es algo más que una unidad económica generadora de riqueza» y, por tanto, su rendimiento «no debe medirse tan solo como los beneficios de los accionistas, sino también en relación con el cumplimiento de los objetivos ambientales, sociales».

Triple sostenibilidad y estrategias de valor compartido

Todas estas ideas no son nuevas, sino que beben de las de otros autores que ya defendieron antes la creación de un modelo de valor sostenible y a largo plazo que beneficie al conjunto de la sociedad. Entre otros, John Elkington, quien desarrolló el concepto de la «triple sostenibilidad», argumentando que una organización capaz de lograr un buen desempeño en términos contables de *triple resultado* —económico, social y ambiental— tendría como consecuencia la maximización de su beneficio económico y responsabilidad ambiental, así como la minimización o eliminación de sus externalidades negativas.

También Michael E. Porter y Mark R. Kramer introdujeron una interesante diferenciación entre la RSC y las estrategias de creación de valor compartido, resumida en la tabla 2.2, y argumentaron que las segundas deberían sustituir a la primera a la hora de guiar las inversiones de las empresas en sus comunidades, porque su alcance es mayor y genera mayores beneficios para todos los grupos de interés.

El valor compartido está definiendo un conjunto completamente nuevo de mejores prácticas que empresas que son un referente en este ámbito como Nestlé, Unilever, Johnson & Johnson (ejemplos que citan los propios autores) ya hace años que han puesto en marcha. Y que han marcado el camino para que muchas otras hayan dado el paso de reorientar sus acciones de RSC hacia la creación de valor compartido, lo que implica integrar la responsabilidad en la propia estrategia empresarial (y no «alrededor» de ella) y racionalizar las distintas iniciativas que llevan a cabo en este ámbito, enfocándose en aquellos objetivos que tienen un encaje natural con sus fortalezas, modelo de negocio e identidad corporativa (propósito, visión, misión y valores).

Las ventajas competitivas

Los cambios en el entorno que hemos visto hasta ahora han influido en las estrategias competitivas de las empresas, en sus prácticas operativas y de gestión, y en las actitudes y comportamientos de sus empleados y mandos intermedios. Pero ¿cómo lo han hecho? De momento, podemos avanzar que el poder de

Tabla 2.2. Diferencias entre responsabilidad social corporativa y creación de valor compartido

RESPONSABILIDAD SOCIAL CORPORATIVA	CREACIÓN DE VALOR COMPARTIDO
Valor: hacer el bien	Valor: beneficios económicos y sociales en relación con el costo
Ciudadanía, filantropía, sostenibilidad	Creación de valor conjunto para la compañía y para la sociedad
Discrecional o en respuesta a la presión externa	Integral para competir
Separado de la maximización del beneficio	Integral a la maximización del beneficio
La agenda viene determinada por el *reporting* externo y por preferencias personales	La agenda es específica de la compañía y generada de forma interna
Impacto limitado por la huella corporativa y por el presupuesto de RSC	Realinea el presupuesto entero de la compañía
Ejemplo: compras basadas en el comercio justo	Ejemplo: transformar las compras para aumentar la calidad y el rendimiento

Fuente: *Creating shared value. How to reinvent capitalism—and unleash a wave of innovation and growth.* Michael E. Porter y Mark R. Kramer, 2011.

cambiar lo establecido para adaptarse a las nuevas circunstancias se ha convertido en la ventaja competitiva por excelencia.

Cambios en la organización y gestión de las empresas

Entre los principales efectos, consecuencias y derivadas que han tenido las grandes transformaciones en los últimos años sobre las prácticas organizativas y de gestión de las empresas, se cuentan la manera de abordar, por ejemplo, el talento (y, sobre todo, cómo captarlo y retenerlo), la diferenciación, adaptabilidad y flexibilidad, la creación de valor o la importancia de los los criterios ambientales, sociales y de gobernanza (ESG). Veamos con más detalle en qué consisten.

El conocimiento y el talento como recursos estratégicos clave

La idea de que las personas generarían más valor con sus cerebros que con sus músculos ya fue vaticinada por Peter Drucker nada menos que en 1959 con su obra *Los límites del mañana*, convencido de que en esta nueva era postindustrial el conocimiento sería un recurso económico más crítico que la tierra, el trabajo o los activos financieros, describió por primera vez el ascenso de los *knowledge workers.*

En la era del conocimiento, ciertamente la empresa ya no tiene la propiedad ni el control sobre el factor de producción más relevante: el talento, y es algo que tiene una gran repercusión sobre el modo en que las empresas del siglo XXI han ido reconfigurando sus prácticas de liderazgo, gestión y organización. Y ¿por qué es tan importante? La principal razón es que la calidad del talento de una organización es vital para el éxito a largo plazo de la misma. Diversos estudios revelan que, a propósito de la atracción y retención del talento adecuado, los trabajadores con un alto rendimiento son mucho más productivos que la media.

Mayor presión competitiva y necesidad de diferenciación

Las organizaciones se han visto obligadas a refinar sus estrategias competitivas y de diferenciación de productos y servicios, e incluso a adaptar su modelo de negocio a las condiciones de un mercado muy competitivo y dinámico, para asegurarse de que a pesar de los cambios siguen siendo capaces de crear y capturar valor. Pero las estrategias de diferenciación también se desgastan con el paso del tiempo. No solo porque los rivales tratan de erosionarlas o de replicarlas, sino también por razones internas. Por ello hay que trabajar sobre los valores diferenciales, fortaleza a fortaleza, para crear una organización que vive y respira sus ventajas estratégicas día tras día, aprendiendo a sostenerlas mediante la adaptación constante al cambio para generar un crecimiento sostenido. La clave está en la capacidad de aprender de los cambios y en la agilidad para adaptarse a ellos, pero sin perder de vista los valores diferenciales de la organización.

Adaptación constante del modelo de negocio y búsqueda de nuevas formas de crear y capturar valor

La volatilidad del entorno competitivo y la velocidad y complejidad de las transformaciones que se han producido en los últimos años han hecho que las empresas y sus directivos hayan tenido que aprender a convivir con la incertidumbre y el riesgo.

La sensación de desasosiego que sienten muchos CEO no es meramente subjetiva y plantea un reto enorme para la elaboración de estrategias, ya que los enfoques estratégicos tradicionales siempre habían asumido que el mundo es un lugar relativamente estable y predecible. De hecho, el objetivo de la mayoría de estrategias empresariales era construir una ventaja competitiva duradera (e implícitamente estable), ya fuera mediante el establecimiento de una posición de mercado sólida (construida gracias a una escala dominante o a la explotación de un nicho atractivo), o reuniendo las capacidades y competencias adecuadas para elaborar o entregar una oferta mejor que la competencia (hacer lo que la empresa sabe hacer mejor).

Adaptabilidad, la nueva ventaja competitiva

Pero, en el contexto actual, las ventajas competitivas sostenibles ya no surgen exclusivamente de la posición, la escala o de unas capacidades de primer orden para producir o entregar una oferta, sino que, cada vez más, los directivos están descubriendo que a menudo se derivan de aquellas capacidades organizativas que fomentan una rápida adaptación al entorno. Pero, ¿cuáles son exactamente esas capacidades? Según apuntaron los consultores Martin Reeves y Mike Deimler existen cuatro capacidades organizativas específicas que las empresas en la vanguardia utilizan para lograr una ventaja adaptativa.

1. **Leer y actuar ante las primeras señales de cambio.** Para poder adaptarse, lo primero que deben hacer las empresas es activar los radares y antenas que le permitan detectar las señales de cambio en su entorno externo, aprender a descodificar esas señales y, sobre todo, actuar con rapidez para refinar o reinventar su modelo de negocio e incluso remodelar el marco de referencia de su industria. En esta era saturada de información, las empresas adaptativas deben confiar en sistemas sofisticados de obtención de datos para asegurarse de que adquieren la información correcta. Y deben aplicar tecnologías avanzadas de minería de datos para reconocer patrones relevantes en ella. De hecho, las compañías más avanzadas en este ámbito ya están aprovechando su capacidad para obtener y procesar datos para hacer intervenciones operativas en tiempo real. A menudo, evitando las lentas jerarquías del proceso de toma de decisiones para actuar con mayor rapidez.

2. **Experimentar rápida y frecuentemente.** Casi todas las compañías utilizan algún tipo de experimentación para desarrollar y testear sus productos. Pero el mundo real es un medio caro para la experimentación, ya que las pruebas y los pilotos fallidos pueden poner en peligro la marca y la reputación de una empresa en el mercado. Para superar estas barreras, un número creciente de empresas adaptativas están utilizando nuevos enfoques que les permiten generar, testear y replicar un número mayor de ideas de forma más rápida, a un menor costo y con un menor riesgo del que son capaces sus rivales. Además, no se limitan a desarrollar mejoras incrementales en los productos y servicios que tienen en cartera, sino que amplían el enfoque de la innovación al desarrollo de nuevos productos, servicios e incluso modelos de negocio. Por supuesto, eso conlleva desarrollar una cierta tolerancia al fracaso, ya que experimentar implica inevitablemente errar el tiro varias veces antes de hacer diana. Pero asumen el riesgo y, simplemente, procuran fracasar de la forma más rápida y barata posible. En este sentido, el uso de los denominados gemelos digitales va a tener y tiene un papel fundamental en la supervisión y test de los procesos.

3. **Adquirir las capacidades necesarias para gestionar sistemas complejos y multiparte.** En un entorno como el actual, en que una parte cada vez mayor de la actividad económica tiene lugar más allá de los límites corporativos —ya sea a través de la subcontratación *(outsourcing)*, la deslocalización *(offshoring)*, la creación de redes y ecosistemas de valor *(value nets, value ecosystems)*, los sistemas de «producción entre pares» *(peer production)* basados en el trabajo colaborativo u otras alternativas similares—, la ventaja competitiva fluirá hacia aquellas empresas capaces de crear estrategias efectivas a nivel de red o sistema y de impulsar actividades fuera de la empresa con otros *partners,* y que puedan hacerlo sin tener que recurrir a mecanismos de control demasiado estrictos. Por ejemplo, generando confianza entre los participantes dejando que interactúen con frecuencia y proporcionándoles una transparencia y unos sistemas de calificación que sirven como «moneda de reputación» (como hace Ebay con su red de vendedores y compradores, Airbnb con sus anfitriones y huéspedes, o Uber con sus chóferes y viajeros).

4. **Liberar el potencial de las personas que trabajan para la organización.** Para mejorar su capacidad de adaptación, las organizaciones necesitan crear entornos que fomenten el flujo de conocimientos, la diversidad, la autonomía, la asunción de riesgos, el intercambio y la flexibilidad en los que prospera la adaptación. La flexibilización de las estructuras organizativas y la descentralización de las decisiones son palancas poderosas para aumentar la adaptabilidad. A medida que se crean estructuras más fluidas, las empresas adaptativas llevan la toma de decisiones al frente, lo que permite que las personas con más probabilidades de detectar cambios en el entorno respondan de manera rápida y proactiva.

En resumen, aquellas organizaciones que tienen más éxito adaptándose a los constantes retos que plantea el mercado son las más rápidas en leer y actuar ante las primeras señales de cambio. Han descubierto cómo experimentar rápida y frecuentemente no solo con productos y servicios, sino también con modelos de negocio, procesos y estrategias. Han adquirido las capacidades para gestionar sistemas complejos con múltiples grupos de interés en un mundo cada vez más interconectado. Y, probablemente lo más importante, han aprendido a desbloquear su mayor recurso: las personas que trabajan para ellas.

Adaptabilidad significa también el poder de cambiar lo establecido para adaptarse a las nuevas circunstancias, y por ello se ha convertido en la gran ventaja competitiva. El poder de cambiar de una empresa es un sólido predictor de su rendimiento. Pero ¿se puede diagnosticar? David Michels y Kevin Murphy lo hicieron; la tabla 2.3 presenta una síntesis de los elementos que facilitan el cambio y del papel que desempeñan en la gestión y asimilación de las transformaciones empresariales.

Tabla 2.3. Los elementos del poder de cambio

Elemento	Función
Propósito	Crea un sentido de pertenencia; guía las decisiones e inspira la acción
Dirección	Traslada el propósito a un plan; clarifica hacia dónde ir y cómo llegar hasta allí
Conexión	Aprovecha el lado social del cambio; crea redes de *influencers* y *fans*
Capacidad	Define los límites del cambio; permite absorber más cambios
Coreografía	Ayuda a ser más dinámicos; ajusta las prioridades de cambio y las secuencias de movimientos
Escala	Crea un círculo virtuoso; expande la innovación y amplifica el impacto
Desarrollo	Prepara a la organización para el crecimiento; construye aprendizaje y capacidad de cambio
Acción	Genera impulso; fomenta una mentalidad positiva y una inclinación al cambio.
Flexibilidad	Ayuda a mantenerse al frente del cambio; redefine cómo se trabaja e incluso qué es el trabajo

Fuente: *How good is your company at change?* David Michels y Kevin Murphy, 2021.

Digitalización de procesos

El proceso de adaptación a las nuevas tecnologías, lejos de completarse, plantea nuevos retos cada día y a medida que aparecen nuevos desarrollos y aplicaciones. Como hemos visto en el capítulo 1, la revolución digital es un fenómeno transversal que lo impregna todo. Y, por supuesto, también afecta —y mucho— a las personas que trabajan en las organizaciones: a sus relaciones entre ellas, a sus relaciones con sus supervisores directos y a la que tienen con la propia empresa para la que trabajan. Lo que, lógicamente, repercute en las estrategias de liderazgo y dirección de personas, que son las que analizamos a continuación en tres grandes áreas: el modelo organizativo, la relación entre organización y personas, y los modelos de liderazgo y cultura corporativa.

Cambios en el modelo organizativo

Para aprovechar las ventajas de la digitalización es necesario hacer algunos cambios en las estructuras organizativas y en las dinámicas de trabajo de las personas y los equipos. Veamos en qué aspectos.

- **Flexibilización de estructuras, metodologías y procesos.** Las empresas están agilizando sus estructuras para ganar en agilidad y capacidad de adaptación. Las estructuras jerárquicas o funcionales, basadas en una autoridad que fluye de arriba hacia abajo por la cadena de mando, tienden a sustituirse por estructuras más horizontales, autónomas y flexibles que interactúan entre ellas formando una red más amplia. Además, se imponen los procesos colaborativos y nuevas metodologías de trabajo más dinámicas y flexibles, como el pensamiento de diseño *(design thinking),* centrado en las personas, o el *scrum,* que prioriza el desarrollo incremental del producto.

- **Organización en red y gestión por proyectos.** En lugar de dirigir las tareas y proyectos verticalmente y desde silos funcionales o departamentales, el trabajo se organiza de forma más transversal, con equipos multifuncionales y grupos especializados por proyectos que trabajan con unas directrices muy claras pero con una mayor autonomía y capacidad de decisión.

- **Trabajo en equipo y procesos colaborativos.** En muchas ocasiones incluso se rediseña el espacio de trabajo para facilitar la colaboración, sustituyendo los despachos cerrados por zonas más abiertas para lograr que fluya la información y se genere una dinámica de aprendizaje constante que fomente la innovación.

- **Creación de ecosistemas que conectan personas, información y herramientas.** A medida que se crean distintos grupos de trabajo especializados o enfocados en proyectos, más autónomos pero que interactúan entre ellos, se crea un nuevo ecosistema. Los equipos operan con un alto grado de independencia, pero cohesionados por unos valores y una cultura compartidos que incluyen la definición de metas claras y proyectos transparentes, la libre circulación de información y *feedback*, y las recompensas según destrezas y aptitudes, no según una posición jerárquica.

La figura 2.2 ilustra gráficamente la evolución en los modelos organizativos propiciada por la digitalización de las empresas.

Cambios en la relación entre organización y personas

La digitalización también ha traído cambios y novedades en las formas de relación y comunicación entre la organización y los profesionales que interactúan con ella, ya sean sus propios empleados o los candidatos potenciales a unirse al proyecto empresarial. Entre estos cambios, cabe destacar los siguientes.

- **El modelo *freelance*.** La conexión de profesionales y proyectos a través de plataformas *online*, como hemos visto en el apartado dedicado a los cambios en el mercado de trabajo, cambia de forma sustancial el entorno laboral. El trabajo por cuenta ajena pierde fuelle, y cada vez es más habitual que las empresas utilicen los servicios de profesionales independientes, trabajadores *freelance* u otro tipo de *gig workers* para la realización de trabajos específicos, puntuales o que requieren unas capacidades técnicas y una experiencia de las que la organización no dispone.

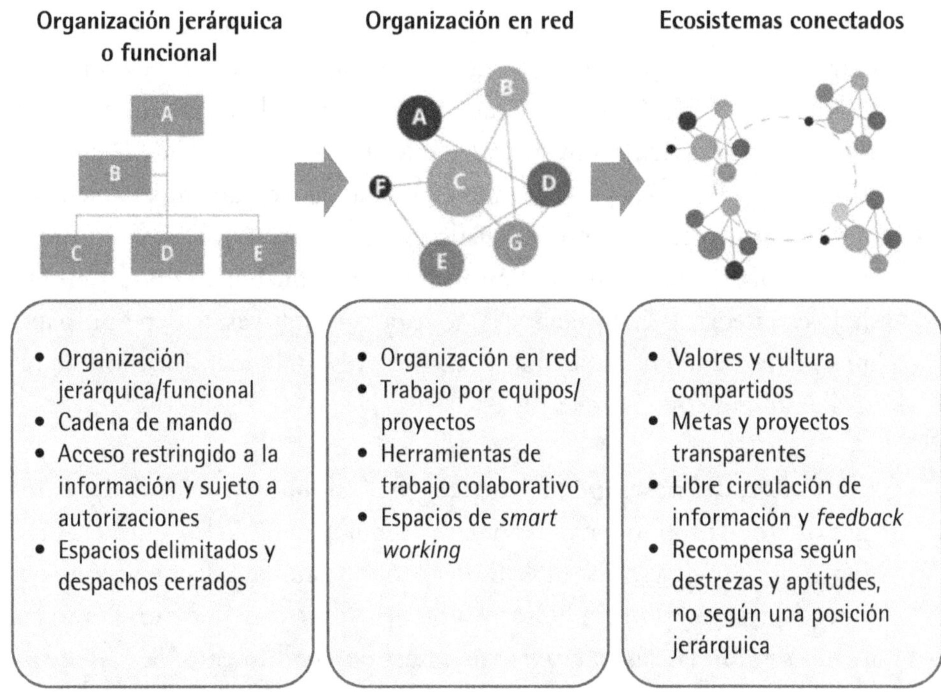

Organización jerárquica o funcional	Organización en red	Ecosistemas conectados
• Organización jerárquica/funcional • Cadena de mando • Acceso restringido a la información y sujeto a autorizaciones • Espacios delimitados y despachos cerrados	• Organización en red • Trabajo por equipos/proyectos • Herramientas de trabajo colaborativo • Espacios de *smart working*	• Valores y cultura compartidos • Metas y proyectos transparentes • Libre circulación de información y *feedback* • Recompensa según destrezas y aptitudes, no según una posición jerárquica

Fuente: «11 cambios en la dirección de personas a causa de la digitalización». *IESE Insight.* Carlos Rodríguez-Lluesma y Jerónimo Corrall, 2018.

Figura 2.2. Digitalización y cambios en el modelo organizativo.

- **Selección de talento.** Las empresas más avanzadas en la transformación digital también están utilizando las últimas tecnologías para mejorar sus procesos de selección y reclutamiento. Por ejemplo, recurriendo a la *gamificación* (la utilización de aplicaciones que replican el diseño y las mecánicas de los videojuegos) o utilizando *chatbots* (asistentes virtuales dotados de inteligencia artificial capaces de mantener una conversación con las personas y diseñados para interactuar con ellas) para hacer más atractivos y eficaces sus procesos de selección o formación.

- **Comunicación interna.** Las nuevas herramientas digitales también se están utilizando para hacer más dinámicos y participativos los canales y procesos relacionados con la comunicación interna, que cada vez es más social y más móvil. Muchas organizaciones ya han sustituido sus *intranets* corporativas por redes sociales internas o aplicaciones móviles con contenidos más dinámicos, colaborativos y audiovisuales. Y algunas incluso fomentan la participación de los empleados en X (Twitter), Facebook, Instagram o TikTok, aprovechando el rol que pueden desempeñar los más hábiles y entusiastas como embajadores de la marca en las redes sociales más populares. La comunicación interna es esencial para la transmisión de la estrategia, la identidad y la cultura corporativas, y tiene un papel muy importante en la mejora del compromiso y la identificación de los colaboradores con el proyecto.

- **Evaluación del desempeño y carrera profesional.** La velocidad y la inmediatez que proporcionan las nuevas tecnologías digitales, que permiten una comunicación constante, fluida y bidireccional entre empleados y supervisores, y el proceso de datos a tiempo real hacen que cada vez tenga menos sentido la clásica evaluación anual del rendimiento. Se impone la revisión continua de proyectos y el *feedback* constante, para cuyo registro ya existen numerosos programas informáticos, como Success Factors o Workday.

- **Nuevas capacidades y perfiles.** La digitalización también ha situado a las organizaciones ante la necesidad de desarrollar nuevas capacidades y de buscar nuevos perfiles. Las capacidades digitales ponen el énfasis en la creatividad, la inteligencia emocional y el liderazgo no jerárquico. Además, hay que promover iniciativas para salvar la brecha digital en la plantilla.

- *People Analytics.* Esta disciplina, que combina la capacidad de la tecnología *big data* para la recogida y el procesamiento de datos con la analítica avanzada, permite establecer patrones y correlaciones que facilitan un análisis productivo del comportamiento de los empleados. Puede aplicarse tanto a los procesos de selección y reclutamiento como a la mejora del rendimiento de los empleados, ya que aporta información útil para el diseño de planes de formación y desarrollo, de iniciativas para reforzar el *engagement* o de los mecanismos de compensación. Además, permite conocer mejor a los empleados y entender cómo funcionan sus redes informales de comunicación.

Cambios en los modelos de liderazgo y cultura corporativa

La digitalización de las empresas propicia también un cambio en la cultura corporativa y en la mentalidad de las personas. Se pone más énfasis en el empoderamiento de los empleados y menos en el control por parte de sus supervisores. Lo que implica, a su vez, adaptar los estilos de dirección y los modelos de liderazgo.

- **Reinventar la cultura corporativa.** Desarrollar una cultura digital que promueva la agilidad y la capacidad de adaptación de la organización pasa por dar mayor poder y protagonismo al talento y la creatividad. Hay que empoderar a las personas para animarlas a que tomen sus propias decisiones, sin buscar constantemente la aprobación o el permiso de sus supervisores, y ayudarlas a desarrollar al máximo sus capacidades para que se sientan preparadas para afrontar los nuevos retos que plantea un entorno tan cambiante. Se trata de promover una cultura basada en la confianza y la responsabilidad. Y dotar a las personas de las capacidades necesarias para trabajar con la tecnología y en entornos colaborativos, así como incorporar nuevos perfiles más digitales que contribuyan a elevar la competencia tecnológica de toda la organización.

- **Experiencia del empleado.** Para que los empleados se sientan predispuestos y comprometidos con el cambio hacia una cultura digital y de mayor responsabilidad hay que poner los medios para que disfruten de una experiencia del empleado que les motive a dar lo mejor de sí mismos. Por ejemplo, promoviendo el desarrollo de las personas, favoreciendo la flexibilidad y el equilibrio entre la vida laboral y personal, dándoles mayor autonomía sobre cómo llevan a cabo su trabajo y asegurando el reconocimiento de los méritos.

- **Aprendizaje continuo.** El entorno de cambio exponencial que propicia la digitalización obliga a las empresas a adoptar un enfoque de aprendizaje continuo, caracterizado por ser un proceso participativo (la forma más eficaz de aprender es participar en un proyecto, interviniendo activamente y practicando), iterativo (se fomenta la experimentación, estimulando la asunción de riesgos y la evaluación continua, con una tolerancia razonable al error) y colectivo (el aprendizaje se estimula desde la participación de todos y bajo la cesión de la autoridad tradicional al talento y la creatividad).

Mayor complejidad e interdependencia de los factores que inciden en el negocio

Los retos a los que se enfrenta una empresa son muchos y muy variados, como hemos ido viendo hasta ahora (globalización, digitalización, innovaciones tecnológicas, modelos de negocio disruptivos, economía de ecosistemas…), pero podríamos resumirlos en uno solo que los condensa e incluye todos: la necesidad de hacer frente a la mayor variedad, complejidad e interdependencia de los factores con capacidad de influir en la marcha de la organización.

De lo complicado a lo complejo

Los sistemas complejos siempre han existido, y la vida empresarial siempre se ha caracterizado por la existencia de lo impredecible, lo sorprendente y lo inesperado, pero las organizaciones *complejas* son mucho más difíciles de gestionar que las organizaciones meramente *complicadas*… ¿qué distingue lo complejo de lo complicado?, ¿qué problemas genera la complejidad y cómo se pueden abordar?

Los sistemas simples contienen unas pocas interacciones que son extremadamente predecibles: la misma acción produce cada vez el mismo resultado. Por ejemplo, encender o apagar el interruptor de la luz. Los sistemas complicados tienen más partes móviles, pero operan según un patrón conocido. Ejemplo: la red eléctrica que enciende la luz con el interruptor es un sistema complicado que incluye un conjunto de interacciones distintas, pero que se producen siguiendo una pauta conocida. También es complicado volar un avión comercial.

Los sistemas complejos, por el contrario, están imbuidos de unas características que pueden operar siguiendo ciertas pautas, pero cuyas interacciones cambian continuamente. En resumen, tres propiedades determinan el grado de complejidad de un entorno o sistema: la *multiplicidad* (el número de elementos que tienen el potencial de interactuar), la *interdependencia* (el grado de conexión entre ellos) y la *diversidad* (el grado de heterogeneidad de dichos elementos). A mayor multiplicidad, interdependencia y diversidad, mayor grado de complejidad.

Podemos deducir entonces que en los sistemas simples y complicados es posible identificar y modelizar las relaciones entre las partes, y esas relaciones pueden reducirse a una serie de interacciones claras y predecibles. Pero no podemos entender de la misma forma los sistemas complejos, porque todos los elementos están interactuando de forma continua e impredecible. Y eso genera dos problemas comunes entre los mánagers y directivos de organizaciones complejas:

1. *Consecuencias no buscadas,* que se producen cuando los eventos interactúan sin que nadie se lo haya propuesto o lo haya previsto, por la acumulación de eventos individuales cuyo impacto agregado nadie ha sido capaz de prever, y también por la permanencia durante mucho tiempo de políticas y procesos que ya han quedado obsoletos y cuya lógica subyacente a menudo ni se recuerda, aunque se siguen aplicando.

2. *Dificultad para comprender la situación,* que se produce cuando resulta muy difícil, por no decir casi imposible, que un decisor individual pueda ver y comprender la totalidad de un sistema complejo. Se trata, en este caso, de un problema de visión panorámica, que hace muy difícil observar y comprender la amplia y diversa variedad de relaciones desde una única perspectiva. Una dificultad que, además, se ve agravada por nuestros propios límites cognitivos, al pensar que se puede asimilar más información de la que realmente se puede.

Los costos de la complejidad no son nada desdeñables. Estos problemas plantean desafíos en al menos tres áreas críticas de la actividad directiva: las previsiones de futuro, el control de riesgos y la gestión de *trade-offs*. Para empezar, crear y mantener un sistema complejo formado por una gran variedad de elementos puede ser significativamente más caro que optar por la estandarización, por lo que puede reducir la *eficiencia* de la organización.

Además, a medida que la complejidad aumenta, la *comprensibilidad* del sistema disminuye, lo que puede suponer un gran desafío para los líderes empresariales a la hora de navegar por él y de comprender cómo se relacionan e interactúan los distintos elementos que lo integran.

Esta falta de comprensión puede llevar a la *inmanejabilidad*, porque a medida que aumenta la complejidad resulta más difícil identificar el valor y la función de cualquier elemento individual, y dónde y cómo intervenir para mejorar el rendimiento del sistema.

Esto, a su vez, lleva a la *imprevisibilidad*, porque pueden emerger comportamientos espontáneos e inesperados, y las intervenciones que se realicen en el sistema pueden producir efectos no deseados.

El lado bueno de la complejidad

Sin embargo, y aunque en el mundo de la empresa y de los negocios la complejidad suele tener muy mala prensa, por sus mayores costos evidentes, también confiere beneficios críticos, especialmente en entornos dinámicos e inciertos, como por ejemplo: la resiliencia, la adaptabilidad, la coordinación y la inimitabilidad.

- **Resiliencia.** Tener muchos elementos diferentes aumenta la *resiliencia* de un sistema. Una compañía que solo confía en unas pocas tecnologías, productos y procesos, o que tiene un personal formado por personas con un bagaje y unas perspectivas muy similares, no tiene muchas formas de reaccionar ante oportunidades y amenazas imprevistas. Además, la redundancia y la duplicidad que suele caracterizar a los sistemas complejos también les proporciona una mayor capacidad de amortiguación y más opciones de respaldo.

- **Adaptabilidad.** Los ecosistemas con una diversidad de elementos también se benefician de una mayor *adaptabilidad.* En las empresas, a medida que cambia el entorno, el crecimiento sostenido requiere desarrollar nuevas ofertas y capacidades para seguir siendo competitivos, que se pueden crear mediante la recombinación de elementos existentes de formas novedosas.

- **Coordinación.** Otra ventaja que la complejidad puede conferir a un ecosistema es una mejor *coordinación*. Los elementos de sistemas complejos suelen estar muy interconectados, lo que les permite moverse y actuar en grupo de forma sincronizada, como si fueran un único elemento.

- **Inimitabilidad.** La complejidad también confiere una ventaja importante en términos de *inimitabilidad* porque, si bien los elementos individuales pueden ser fácilmente copiados, las interrelaciones entre distintos elementos suelen ser bastante difíciles de replicar.

Aprender a «domesticar» la complejidad

La complejidad es como el polvo, tiende a acumularse. Según han estudiado el estratega Martin Reeves y su equipo, eso ocurre porque el proceso de añadir nuevos elementos a un sistema (generar complejidad) es, esencialmente, local: alguien en una organización prueba algo nuevo en un contexto específico y, si tiene éxito, la innovación es compartida o imitada hasta que se integra en los modelos mentales, acciones y procesos de trabajo de otros actores. El resultado suele ser el desorden. Añadir complejidad es algo que se produce de forma bastante natural y espontánea, pero quitarla requiere mucha disciplina y coordinación.

Dicho esto, y habida cuenta de que las organizaciones complejas también disfrutan de ciertas ventajas, estos investigadores proponen una serie de recomendaciones para aprender a «domesticar» la complejidad o, cuando menos, limitar su crecimiento.

- **Crear estructuras modulares.** Las estructuras modulares, unidades funcionales que operan dentro del sistema, pero con un cierto grado de independencia, permiten separar sistemas para que evolucionen y se adapten a las necesidades de cada momento sin interrumpir al resto. La modularidad permite aumentar la resiliencia, y también facilita la innovación evolutiva, sin comprometer la viabilidad del conjunto y mejorando la relación costo-beneficio de la complejidad.

- **Utilizar unos principios operativos simples y comunes.** Establecer un conjunto subyacente de principios básicos y simples, que todos los elementos y conexiones del sistema deban cumplir (algo así como un sistema operativo común), facilita que los nuevos elementos y conexiones se acomoden mejor a la organización y ayuda a mantener bajo control la complejidad, evitando que cada nuevo elemento se acople con su propia solución específica, diseñada a medida, y se fusione con las estructuras y procesos existentes acumulando una complejidad innecesaria.

- **Incorporar un sesgo para el cambio.** En la naturaleza, las mutaciones exitosas permiten la evolución y supervivencia de las especies y se acaban imponiendo. Pero la mutación no ocurre espontáneamente en las empresas. Al contrario, las dinámicas organizacionales tienden a resistirse al cambio y a perpetuar estructuras y procesos obsoletos. Por eso es conveniente introducir medidas o prácticas que estimulen el cambio y rompan con las dinámicas establecidas. Aumentar la flexibilidad, apostar por la movilidad y el intercambio de roles y funciones, o fomentar una mayor colaboración entre unidades para romper silos son algunas formas de conseguirlo.

- **Relajar el control.** En ocasiones, hay que vencer la tentación de ejercer el control sobre todas las decisiones y dejar que las personas participen en experimentos constantes e iterativos que favorezcan la emergencia de innovaciones. Los equipos pequeños y autónomos con nuevos elementos y conexiones crean más opciones para la organización. El papel de la dirección es el de actuar como facilitador, evitando microgestionarlos pero asegurándose de que las innovaciones se codifiquen apropiadamente y se pongan a disposición del resto de equipos y grupos.

- **Dejar que el mercado juzgue.** En la naturaleza, el proceso de selección natural discrimina entre las mutaciones exitosas y las que no lo son. En las empresas, esa disciplina la impone el mercado. Por eso se deben tomar decisiones sobre el mercado lo antes posible, acelerando el desarrollo de productos e innovaciones y el tiempo de comercialización. Cuanto antes actúe la disciplina de mercado, antes podrá decidir sobre sus productos y servicios, el modelo de negocio o la propia dirección de la empresa, manteniendo bajo control la complejidad.

- **Optimizar globalmente.** En los sistemas complejos, es esencial que la evaluación de nuevas iniciativas, procesos y estructuras se base en su impacto en el conjunto de la organización y en su propósito colectivo, y no solo en un determinado grupo o producto. Esto ayuda a equilibrar los *trade-offs* de la complejidad, ya que los beneficios de cualquier componente individual pueden concentrarse en un área pequeña, pero los costos de complejidad pueden distribuirse por toda la organización. Es preciso, por tanto, adoptar un enfoque holístico de la organización para valorar adecuadamente los costos y beneficios potenciales de añadir más complejidad al sistema.

- **Arreglar, reparar y podar.** Del mismo modo que la naturaleza tiene sus propios mecanismos de autorreparación, las empresas complejas deben replicarlos creando protocolos y normas sociales que animen a las personas a buscar y eliminar procesos obsoletos.

Aprender a vivir con la complejidad y encontrar la manera de mantenerla bajo control es, probablemente, uno de los mayores retos que enfrentan actualmente los responsables de dirigir empresas. De poder elegir, seguro que los directivos preferirían la simplicidad a la complejidad, para evitar los costos y problemas que de ella se derivan y por la exigencia cognitiva que demanda. Pero la complejidad también tiene ciertas ventajas, si los directivos aprenden a «domesticarla», y lo cierto es que, en entornos empresariales tan dinámicos e impredecibles como los que existen hoy en día, cada vez es más necesaria para asegurar la viabilidad y competitividad de las organizaciones.

Flexibilización de las estructuras organizativas y mayor autonomía en el trabajo

Tradicionalmente, las empresas han funcionado con una arquitectura organizativa basada en estructuras jerárquicas, estáticas y compartimentadas en silos funcionales, habitualmente en forma de pirámide. Podemos decir que son estructuras sólidas pero demasiado rígidas y lentas.

Dado que el entorno actual dista mucho de ser estable, las condiciones competitivas del mercado requieren arquitecturas organizativas que permitan una mayor flexibilidad, capacidad de adaptación y velocidad. La revolución digital está transformando la industria, la economía y la sociedad, impulsando cuatro tendencias disruptivas que desafían el viejo paradigma, que Wouter Aghina, consultor en transformación organizacional a gran escala, y su equipo identifican así:

- *Un entorno que evoluciona rápidamente.* Los patrones de demanda de todos los grupos de interés están evolucionando rápidamente: los clientes, socios y reguladores tienen necesidades apremiantes; los inversores exigen crecimiento, lo que resulta en adquisiciones y reestructuraciones, y tanto competidores como colaboradores demandan acciones que se adapten al cambio vertiginoso en sus prioridades.
- *La introducción constante de tecnologías disruptivas.* Las empresas e industrias consolidadas están atravesando un proceso de *comoditización*, o bien se las está reemplazando mediante la digitalización, los avances en el campo de la biociencia, el uso innovador de nuevos modelos y la automatización. El aprendizaje automatizado, el IoT y la robótica son algunos ejemplos de estos avances.
- *La digitalización acelerada y la democratización de la información.* El volumen, la transparencia y la distribución de la información son cada vez mayores. Eso hace que las organizaciones adopten rápidamente la comunicación multidireccional y la colaboración complejas con clientes, socios y colegas.
- *La nueva guerra por el talento.* A medida que las tareas centradas en el conocimiento y el aprendizaje creativo se tornan más importantes, las organizaciones necesitan una propuesta de valor que las diferencie para adquirir y retener el mejor talento, que está cobrando mayor diversidad. Este talento está conformado por trabajadores en constante aprendizaje.

Estas tendencias, añaden, están cambiando radicalmente la manera de trabajar tanto de las organizaciones como de sus empleados. Para operar en este tipo de entorno, las empresas necesitan ser estables y dinámicas al mismo tiempo. Y el nuevo paradigma organizativo que se está imponiendo, porque logra ese difícil equilibrio entre agilidad y estabilidad, es el de la organización ágil, que combina elementos centrales estables que evolucionan lentamente con capacidades dinámicas que pueden adaptarse rápidamente a nuevos desafíos y oportunidades.

La organización ágil

La metodología *agile*, basada en repartir el trabajo de una manera rápida y flexible entre diferentes equipos multidisciplinarios, está emergiendo como el nuevo paradigma organizacional dominante. Para lograr esa agilidad, las empresas ágiles —de cualquier tamaño e industria— comparten cinco rasgos característicos: un propósito compartido, una red de equipos empoderados, ciclos rápidos de decisión y aprendizaje, un modelo de gestión de personas dinámico y tecnología de última generación. Veamos con más detalle en qué consisten y cómo operan.

Propósito compartido

Las organizaciones ágiles no solo reimaginan cómo crean valor sino también para quién lo hacen. Están muy orientadas hacia el consumidor y buscan cubrir necesidades diversas a lo largo de todo el ciclo de vida del cliente. Más aún: están comprometidas en la creación de valor *con* y *para* un rango amplio de grupos de interés, ya sean empleados, socios, inversores o comunidades.

Para satisfacer las necesidades en constante evolución de sus distintos *stakeholders*, las organizaciones ágiles a menudo trabajan con modelos de creación de valor distribuidos y flexibles que integran a *partners* externos, lo que les permite ofrecer al cliente final un nivel de variedad, de personalización y de agilidad sin precedentes. Podemos encontrar ejemplos en una gran cantidad de industrias, como los productos y soluciones modulares en el sector industrial; las cadenas de suministro ágiles en el sector de la distribución; las redes de alimentación distribuidas en el sector energético, y las empresas que funcionan en plataformas digitales, como Uber, Airbnb y Upwork.

Para dar coherencia y enfoque a sus modelos de cocreación de valor, las organizaciones ágiles fijan una visión y un propósito compartidos para la organización que ayuda a las personas a sentirse personal y emocionalmente involucradas: sirve como referencia a los clientes cuando eligen dónde comprar, a los empleados cuando eligen dónde trabajar, y a los *partners* e inversores cuando eligen con qué empresa asociarse. Compañías como Amazon, Gore, Patagonia o Virgin han puesto a sus *stakeholders* en el centro mismo de su propósito y, a la vez, en el núcleo de su estrategia para crear valor.

Las organizaciones ágiles que combinan un propósito firmemente arraigado con un enfoque flexible y distribuido para crear valor pueden identificar y captar oportunidades con mayor rapidez. En toda la organización, las personas están atentas, por iniciativa propia y de manera proactiva, a lo cambios en las preferencias de los clientes y en el entorno externo, y actúan en consecuencia. Procuran obtener las opiniones y los comentarios de sus grupos interés de distintas maneras (evaluaciones de productos, *crowdsourcing* y *hackaton*). Utilizan herramientas como mapas de experiencia del cliente para identificar nuevas oportunidades que les permitan brindar un mejor servicio. Y también recogen las opiniones de los propios clientes a través de mecanismos formales e informales (foros en internet, eventos presenciales e incubadoras de ideas para proyectos incipientes) que les ayudan a diseñar, evaluar e implementar iniciativas y modelos de negocio.

Además, estas empresas también pueden asignar sus recursos con flexibilidad y rapidez donde más se los necesite. Evalúan periódicamente el progreso de sus iniciativas, y deciden si les dan impulso o las dejan sin efecto. Siguen procesos estandarizados y rápidos para la asignación de recursos que les permiten migrar personas, tecnología y capital rápidamente de un negocio que está perdiendo impulso a un área en crecimiento. Más o menos como lo haría un inversor de capital riesgo, utilizando mediciones claras para asignar recursos a iniciativas por un periodo determinado, y evaluándolas periódicamente.

Red de equipos empoderados

Las organizaciones ágiles mantienen una estructura estable en sus niveles más altos, pero reemplazan gran parte de su jerarquía tradicional con una red flexible y ampliable de equipos de trabajo. Las redes de equipos son una forma natural de organizar el trabajo porque equilibran la libertad individual con la coordinación colectiva, aunque requieren que los líderes comprendan bien cómo funcionan las redes humanas (empresariales y sociales, formales e informales) y sepan cómo diseñarlas, construirlas y mantenerlas para lograr una buena colaboración entre ellas.

Una organización ágil comprende una red compleja de equipos empoderados que funcionan con altos estándares de alineación, rendición de cuentas, *expertise*, transparencia y colaboración. La empresa también debe tener un ecosistema estable para asegurarse de que estos equipos puedan funcionar con efectividad. Así, las organizaciones ágiles se enfocan en:

- Implementar estructuras planas y claras que reflejen y sustenten la forma en que la organización crea valor.
- Garantizar la claridad en los roles y la rendición de cuentas para que las personas puedan interactuar con toda la organización, pero centrándose en su trabajo.
- Incentivar la gobernanza directa cuando la gestión del rendimiento o los derechos de decisión entre equipos vayan más allá de los límites establecidos.
- Hacer que las funciones evolucionen para que los grupos puedan convertirse en comunidades sólidas de conocimiento y práctica, como hogares profesionales para las personas, con la responsabilidad de atraer y desarrollar talento, de compartir conocimientos y experiencias, y de brindar estabilidad y continuidad en el tiempo mientras las personas rotan entre los distintos equipos operativos.
- Crear un ecosistema de relaciones significativas y alianzas activas con una amplia red externa, de manera que la empresa pueda acceder a los mejores talentos e ideas, generar *insights*, y desarrollar nuevos productos, servicios o soluciones junto a otros actores.
- Diseñar y crear entornos físicos y virtuales abiertos que empoderen a las personas para hacer su trabajo del modo más efectivo en el entorno que les resulte más favorable, al promover la transparencia, la comunicación y las coincidencias positivas entre equipos y unidades en toda la organización.

Ciclos rápidos de decisión y aprendizaje

Las organizaciones ágiles trabajan en ciclos rápidos de pensamiento y acción que están estrechamente alineados con su proceso de creatividad y consecución de resultados. Esta integración y la iteración rápida y continua del pensamiento, la acción y el aprendizaje constituyen la base sobre la cual se construye su capacidad para innovar y operar de manera ágil. El modelo de ciclos rápidos se define por tener una o varias de las siguientes características.

- *Iteración y experimentación rápidas.* Cada equipo suele centrarse en producir un único «entregable» o «producto mínimo viable» de forma rápida, que posteriormente se va revisando y perfeccionando en las sucesivas etapas de la experimentación. Este enfoque estructurado de la innovación ahorra tiempo, reduce la repetición del trabajo, abre oportunidades para generar soluciones creativas que puedan representar un salto cualitativo y, al mismo tiempo, aumenta el sentido de propiedad, responsabilidad y rendición de cuentas sobre el resultado del trabajo entre los miembros de los equipos.
- *Métodos de trabajo estandarizados.* Para facilitar la interacción y la comunicación entre los equipos, las organizaciones ágiles se apoyan en una serie de métodos, herramientas y procesos de trabajo estandarizados que todos conocen y utilizan, de modo que todos hablan el mismo idioma, siguen los mismos procedimientos, organizan las reuniones de la misma manera, usan las mismas redes sociales o tecnologías digitales, etc. Este enfoque propicia que las acciones creativas se puedan producir con mayor agilidad y rapidez.
- *Foco en el rendimiento.* Se exploran nuevos enfoques de la gestión del rendimiento y de sus consecuencias basándose en los objetivos compartidos para un determinado trabajo, proceso o servicio, y miden su impacto en el negocio, más que la actividad en sí misma. Además, los procesos de evaluación del rendimiento suelen basarse en la información y los comentarios que surgen de conversaciones abiertas y frecuentes, formales e informales, sobre el desempeño en relación con el objetivo definido.
- *Transparencia de la información.* Para poder trabajar en ciclos rápidos es imprescindible que cada equipo pueda acceder fácil y rápidamente a la

información que necesita y compartirla con los demás. El acceso a la información y su distribución debe ser libre, transparente y fluido.

- *Aprendizaje continuo.* Se intenta que forme parte integral y permanente de su ADN, de manera que todos tengan la libertad de aprender de los aciertos y errores, tanto propios como ajenos, para construir sobre el conocimiento y las habilidades que van adquiriendo en sus funciones. Este entorno incentiva continuamente el aprendizaje y las mejoras, lo cual redunda en la mejora continua del rendimiento de la empresa.

- *Toma de decisiones rápida, eficiente y continua.* En lugar de tomar grandes decisiones cada cierto tiempo, se toman decisiones menores en ciclos más rápidos, se evalúan rápidamente en la práctica y se realizan las adaptaciones necesarias para la próxima iteración. No esperan a alcanzar grandes consensos para tomar decisiones, lo que ralentizaría el proceso, sino que dan mayor peso a las perspectivas de los miembros más expertos y el resto se compromete, aunque discrepe, a apoyar la decisión para que el equipo pueda avanzar.

Modelo de gestión de personas dinámico

En una cultura organizacional ágil, las personas tienen un lugar central y todos los miembros de la organización están empoderados. Eso les permite colaborar para crear valor con rapidez y eficiencia, pero requiere que la organización invierta en el desarrollo de líderes competentes, capaces de desarrollar a los miembros de sus equipos para que adquieran las habilidades y la seguridad necesarias para trabajar con mayor autonomía y agilidad.

En las organizaciones ágiles se practica un estilo de liderazgo compartido y de servicio. Los líderes están al servicio de las personas de la organización, y trabajan para empoderarlas y ayudarlas a desarrollarse. Más que como planificadores, directores y controladores, se comportan como visionarios, arquitectos y entrenadores que capacitan a las personas, dotándolas de las competencias más relevantes, para que puedan liderar, colaborar y lograr resultados excepcionales.

Por otra parte, en las organizaciones ágiles se da mucha importancia a la creación de una cultura corporativa basada en la autonomía, la responsabilidad y la rendición de cuentas que fomente la iniciativa personal y el espíritu emprendedor, lo que suele atraer a personas proactivas, motivadas por la pasión intrínseca que les genera su trabajo y que aspiran a la excelencia. Esa cultura común es la que les permite crear una comunidad cohesionada, con perfiles que sintonizan con esa forma de hacer, y que hacen suyos los objetivos, las decisiones y el desempeño del equipo.

Por último, las organizaciones ágiles suelen tener un modelo de gestión de personas que permite e incluso anima la movilidad funcional de los empleados, que pueden cambiar de puesto en el esquema de la organización, horizontal o verticalmente, para desarrollar nuevas capacidades mediante distintas experiencias que les permitan progresar en base a sus objetivos de desarrollo personal.

Tecnología de última generación

Replantear el modelo organizativo y operativo de una organización para hacerla más ágil y flexible a menudo implica reorientar tanto los productos y procesos como la tecnología subyacente. Es probable que sea necesario digitalizar los productos y servicios tradicionales, o habilitarlos para que funcionen en entornos digitales. Los procesos operativos también tendrán que evolucionar continua y rápidamente, por lo que será necesaria la evolución de sistemas, herramientas y arquitecturas tecnológicas. Para diseñar, construir, implementar y sostener estas nuevas tecnologías, las organizaciones ágiles crean equipos interfuncionales formados por empleados de las áreas de negocios y de tecnología que se encargan de desarrollar, evaluar, implementar y mantener nuevos productos y procesos, y de conseguir que los equipos aprendan a utilizar de manera efectiva las tecnologías desarrolladas por otras unidades. En general, estas organizaciones consiguen, simultáneamente, una mayor centralidad del cliente, una reducción del tiempo de comercialización o *time to market*, un mayor crecimiento de los ingresos, reducciones de costos y una fuerza laboral más comprometida.

Flexibilización de estructuras y descentralización de las decisiones

Aunque todavía existen pocas organizaciones realmente ágiles, que cumplan con todos los requisitos analizados, lo cierto es que el entorno de trabajo está evolucionando muy rápido en comparación con décadas anteriores, y ha experimentado notables avances en materia de flexibilización y descentralización; por ejemplo, en los espacios y horarios de trabajo, en desempeñar más trabajo a distancia o en la existencia de más estructuras matriciales.

Poco a poco, las cosas empiezan a cambiar. La mayoría de las empresas se habían mostrado hasta ahora muy reticentes a aplicar medidas de flexibilidad y a dejar que sus empleados tuvieran cierto margen de decisión sobre cómo, cuándo y desde dónde trabajar. Imperaba, y todavía impera en demasiadas empresas, la cultura del control y del presencialismo. Una cultura perjudicial tanto para los empleados como para la propia organización, ya que degenera en una falta de eficiencia y de rapidez, que se observa en un ritmo de trabajo más lento del que sería esperable, con pérdidas de tiempo y retrasos en la entrega de tareas y proyectos; fomenta el «absentismo presencial», que se caracteriza por estar físicamente presente en el puesto de trabajo pero ausente mentalmente o dedicado a asuntos ajenos al mismo; provoca un clima tóxico en el entorno de trabajo, en el que los empleados están más pendientes de las horas de entrada y de salida de sus compañeros que del propio trabajo o compiten absurdamente por ver quien hace más horas, suponiendo que eso les hará quedar mejor ante sus superiores (y, desafortunadamente, así es muchas veces). En resumen, se trata de un problema muy extendido que lastra enormemente la productividad y que genera ansiedad, estrés y conflictos en los trabajadores.

Según la Diversity & Flexibility Alliance, un *think tank* o laboratorio de ideas dedicado a ayudar a las organizaciones a crear culturas inclusivas que promuevan la diversidad y la flexibilidad, la reticencia a ofrecer una mayor flexibilidad y autonomía a los trabajadores está estrechamente ligada a la desconfianza y al miedo de las empresas a perder lo que conocemos como las 5 C: control, cultura, colaboración, contribución y conexión. Pero esos temores son infundados, aseguran, ya que están basados en falsos mitos que es preciso desterrar.

- ***Mito 1: Pérdida de control.*** A los directivos les preocupa que ofrecer soluciones de trabajo flexible a los empleados sea como abrir la caja de Pandora y sentar un precedente peligroso. Temen que si dejan que algunos empleados trabajen desde casa, por ejemplo, la oficina acabe estando siempre vacía y no haya nadie trabajando en ella. Pero eso no tiene por qué ocurrir si la organización establece y comunica unos estándares, que proporcionen unas directrices claras sobre los tipos de flexibilidad que se ofrecen, y crea un proceso de aprobación centralizado que garantice que se aplican de forma equitativa.

- ***Mito 2: Pérdida de cultura.*** La cultura organizativa no tiene que por qué resentirse de la introducción de medidas de flexibilidad, aunque es esencial que los equipos se encuentren de manera regular tanto presencial como virtualmente. Si una organización tiene claro qué es lo que define su cultura corporativa y ha conseguido trasladarlo con éxito a sus empleados, encontrará formas de mantener esa cultura también en entornos de trabajo híbridos o virtuales.

- ***Mito 3: Pérdida de colaboración.*** Mientras los equipos que trabajan en un horario flexible se comprometan a celebrar reuniones regulares y a una comunicación consistente, la colaboración no se verá comprometida. Es importante que todos los miembros del equipo mantengan el contacto (incluso si están en línea), vigilen todos los proyectos y respondan a los correos electrónicos y las llamadas telefónicas. Con todo, los expertos siempre recomiendan que los equipos remotos también se reúnan en persona ocasionalmente para mantener el contacto personal y las relaciones cara a cara.

- ***Mito 4: Pérdida de contribución.*** Muchos directivos también recelan de la contribución que pueden hacer los empleados trabajando de forma remota porque creen que si no se les vigila de cerca no cumplirán con sus responsabilidades. Pero eso, de hecho, puede ocurrir igual mientras están sentados en sus despachos. Y más hoy en día, con la cantidad de distracciones disponibles en los ordenadores: las redes sociales, las compras *online,* las comunicaciones personales… Lo importante es comunicar claramente lo que se espera de cada individuo y confiar en que completará el trabajo dentro del plazo previsto. Todos los empleados deben ser evaluados en función de la calidad de su trabajo y de su capacidad para cumplir con unos objetivos de rendimiento claramente definidos, en lugar de en función del tiempo que pasan en la oficina.

- ***Mito 5: Pérdida de conexión.*** La tecnología actual permite a las personas conectarse en cualquier momento del día y desde casi cualquier lugar. Las reuniones se pueden celebrar en espacios virtuales gracias a las múltiples aplicaciones que existen para ese fin. Los empleados pueden acceder a los sistemas informáticos de la empresa remotamente, intercambiar archivos y documentos, compartir calendarios, celebrar videoconferencias, participar en chats informales… Casi ya no hay nada de lo que se hace comúnmente en una oficina que no pueda hacerse de modo virtual. Partiendo de la premisa, una vez más, de que es conveniente mantener en parte los encuentros presenciales y las relaciones cara a cara, la conexión es perfectamente posible y viable en cualquier entorno: físico, virtual o híbrido. Y lo normal es combinar los tres.

En cuanto a la evidencia científica sobre los efectos de la aplicación de medidas de flexibilidad (semanas laborales comprimidas, trabajo desde casa, trabajo remoto, horarios de trabajo flexibles, entre otras) numerosas investigaciones ya han demostrado que, en general, tienen un efecto positivo sobre el rendimiento de los trabajadores y sobre la productividad de la organización. La flexibilidad no solo impulsa la productividad, sino que también contribuye a mejorar la moral de la plantilla, su satisfacción con el trabajo, su eficiencia y la rentabilidad global de la empresa. Así, el teletrabajo también puede mejorar el rendimiento del empleado, su ánimo y su creatividad, pudiendo aumentar su productividad e incluso mejorar los niveles de retención de empleados de la compañía.

Aunque, sin duda, el mayor experimento sobre flexibilidad que se habrá hecho jamás en toda la historia empresarial será el que impuso el estallido de la pandemia mundial por covid-19, que obligó prácticamente al mundo entero a cerrar empresas y comercios y a establecer confinamientos domiciliarios obligatorios. Eso llevó a centenares de miles, sino millones, de compañías y trabajadores a optar por el teletrabajo, que alcanzó casi de la noche a la mañana cotas jamás vistas (y que, seguramente, jamás volveremos a ver, aunque muchos opinen que «el teletrabajo ha llegado para quedarse»).

Con la llegada de la pandemia y la generalización del trabajo remoto, los *millennials* han visto de pronto toda la flexibilidad y el potencial para conciliar trabajo y vida personal que siempre habían deseado en sus trabajos: algunos estudios indican que el 74 % de este colectivo dice que no quiere volver a trabajar a la oficina los cinco días a la semana después de la pandemia, y aseguran que el teletrabajo ha mejorado tanto su nivel de compromiso como de bienestar.

Mayor autonomía y responsabilidad para personas y equipos

La adopción de arquitecturas organizativas más planas y menos jerarquizadas, la descentralización de la toma de decisiones, la tendencia creciente a organizar el trabajo en equipos más pequeños y enfocados, y la incorporación de medidas de fexibilidad laboral han resultado en unos mayores niveles de autonomía, capacidad de decisión y responsabilidad para los empleados. Muchas organizaciones han adoptado este tipo de medidas empujadas por las exigentes condiciones competitivas que imponen los mercados, buscando la ansiada agilidad que les ha de permitir adaptarse a la velocidad y complejidad de los cambios que continuamente se producen. Las más audaces, en cambio, lo han hecho perfectamente conscientes y convencidas de que el empoderamiento de personas y equipos es fundamental, no solo para sobrevivir a los vaivenes en el mercado, sino para lograr desatar todo el potencial del capital humano del que disponen y construir así una ventaja competitiva sostenible que apuntale el crecimiento a largo plazo de la organización.

Sea como sea, las empresas han reorientado sus modelos de gestión de personas hacia un enfoque que prioriza el elemento humano y su desarrollo («las personas primero»), acercándolas así a la satisfacción de las verdaderas necesidades y motivaciones de sus empleados.

Cada vez más empresas se están centrando en mejorar los niveles de satisfacción, motivación y compromiso de sus empleados. Lo que pasa, necesariamente, por comprender mejor sus necesidades y razones. De ahí que en los últimos 10-20 años, y a pesar de que empezó a desarrollarse en la década de 1970, haya cobrado un protagonismo renovado la teoría de la autodeterminación, acuñada por Richard M. Deci y Edward L. Ryan en 1985, según la cual existen tres necesidades psicológicas humanas básicas que motivan a las personas a actuar más allá de las razones extrínsecas que puedan tener para hacerlo:

- *Autonomía.* Para los empleados, satisfacer su necesidad de autonomía implica percibir que tienen la libertad de elegir cómo realizar su trabajo y que el mismo está alineado con sus valores personales e intereses.

- *Competencia.* Los empleados deben sentir que tienen las habilidades necesarias para hacer su trabajo y para superar cualquier desafío potencial que se les pueda presentar en su labor.
- *Relación.* Los empleados cubren su necesidad básica de relación cuando experimentan un sentido de pertenencia en su trabajo que les hace sentir que pueden conectar emocionalmente con sus colegas, compañeros y supervisores de maneras personalmente significativas.

Lenta pero progresivamente, los postulados de la teoría de la autodeterminación empiezan a hacerse un lugar en los departamentos de capital humano de las empresas y a aplicarse en el diseño de nuevas estrategias para la atracción, retención y desarrollo del talento.

Nuevas estrategias para la captación, el desarrollo y la retención de talento

Los cambios en el entorno en general, y los cambios en el mercado de trabajo en particular, han situado a las empresas, y especialmente a sus departamentos de gestión de personas, ante la necesidad de replantear sus estrategias para la captación, el desarrollo y la retención del talento. De hecho, la función de recursos humanos ha evolucionado notablemente en los últimos diez a quince años. Una evolución caracterizada por su reconversión de «departamentos de personal» en «departamentos de personas» que actúan como una unidad fundamental y absolutamente estratégica dedicada, por encima de todo, a comprender las verdaderas necesidades y motivaciones de los trabajadores, a diseñar la mejor experiencia del empleado posible y, en última instancia, a asegurarse de que la organización es capaz de captar, desarrollar y retener al mejor talento disponible.

La brecha en las capacidades y la guerra por el talento

En los últimos años hemos visto, leído y oído en incontables ocasiones que existe una «guerra por el talento». La expresión no es nueva, ni mucho menos, sino que se remonta a 1997. La acuñó Steven Hankin, consultor de McKinsey, y se popularizó con el libro que se publicó más tarde bajo ese título. Y es que, ya hace más de veinte años, que Hankin junto con otros colegas de McKinsey predijeron que el factor decisivo para las empresas en las próximas dos décadas sería la capacidad de atraer, desarrollar y retener talento. En concreto, señalaban tres grandes retos cualitativos para las grandes empresas respecto a la atracción de talento: 1) una economía cada vez más compleja e interconectada exige talentos más sofisticados, con visión global, fluidez multicultural, conocimientos tecnológicos, habilidades comerciales y con la capacidad de dirigir unas organizaciones que cada vez están más desagregadas y descentralizadas; 2) la consolidación de mercados de capitales eficientes ha permitido el surgimiento de muchas pequeñas y medianas empresas, incluyendo un sinfín de *startups,* que compiten por atraer a las mismas personas que buscan las grandes empresas, y 3) como era de esperar dado lo anterior, la movilidad laboral está aumentando.

El tiempo les ha dado la razón. La guerra por el talento no solo continúa, sino que se ha visto agravada por la necesidad creciente de las organizaciones de incorporar habilidades y capacidades totalmente nuevas y que, en muchos casos, surgen mucho antes de que exista una oferta formativa disponible y adecuada. Es lo que se ha convenido en llamar la «brecha de las capacidades» *(skills gap),* un problema que afecta y preocupa a un número cada vez mayor de organizaciones y líderes empresariales.

Entre las habilidades técnicas que más escasean, un informe de la Society for Human Resources Management de 2019 cita las habilidades comerciales (31 %), las relacionadas con el análisis y la inteligencia de datos (20 %) y las relacionadas con la ciencia, la ingeniería y la medicina (18 %). En cuanto a las habilidades blandas o *soft skills*, las que más se echan de menos son la capacidad de resolución de problemas, el pensamiento crítico, la innovación y la creatividad (37 %), la capacidad para manejar la complejidad y la ambigüedad (32 %) y la comunicación (31 %).

Se estima que, a medida que las tecnologías y los modelos de negocio sigan su rápida evolución, las compañías experimentarán un cambio radical en las habilidades de la fuerza laboral que necesitan para prosperar y crecer: hasta 375 millones de trabajadores en todo el mundo podrían tener que cambiar de ocupación en la próxima década para satisfacer las necesidades de las empresas, segúnn un informe del McKinsey Global Institute.

Cambios en las expectativas de la fuerza laboral

El reto para las empresas también pasa por adaptar su modelo de personas a los cambios en las expectativas de la fuerza laboral, que como veremos a continuación han evolucionado sensiblemente respecto a las que podía tener un trabajador común en el siglo pasado.

Según las investigaciones de la consultoría Gallup, el cambio en las expectativas de las nuevas generaciones de empleados —principalmente *millennials* y la generación Z—, se observa en seis aspectos principales sobre lo que las personas esperan hoy en día de un trabajo.

- **Mi propósito.** Los *millennials* y la generación Z ya no trabajan solo por un sueldo, sino que necesitan también un propósito. Para ellos el trabajo debe tener un sentido, y desean encontrarlo trabajando en organizaciones con una misión, unos objetivos o un propósito que compartan. La compensación es importante y debe ser justa, pero les motiva tanto o más el propósito y la misión de la empresa para la que trabajan que el sueldo.

- **Mi desarrollo.** Los *millennials* no persiguen simplemente la satisfacción en el trabajo, sino que buscan también desarrollo. El propósito y el desarrollo dirigen a esta generación, por lo que de un empleo esperan que les brinde oportunidades de aprender y de crecer, tanto personal como profesionalmente.

- **Mi *coach*.** Los *millennials* no quieren jefes, sino que desean tener entrenadores o *coaches* que les ayuden a progresar. Esperan que sus superiores les asesoren sobre su desempeño y que les valoren como personas, no solo como empleados. Esto requiere relaciones más humanas, personales y auténticas con sus supervisores directos, y no basadas en la dinámica del «ordeno y mando».

- **Mis conversaciones frecuentes.** Los *millennials* no quieren revisiones anuales sobre su rendimiento, sino que quieren conversaciones continuas. Las revisiones anuales son muy poco frecuentes y están demasiado orientadas al pasado. Lo que ellos necesitan es *feedback* regular sobre su desempeño actual.

- **Mis fortalezas.** Los *millennials* no quieren corregir sus debilidades, sino desarrollar sus fortalezas. Enfocarse en sus debilidades no les inspirará a mejorar su desempeño. En cambio, nombrar y apuntar a sus fortalezas sí lo hará. Las debilidades nunca se convierten en fortalezas, mientras que las fortalezas pueden desarrollarse hasta el infinito.

- **Mi vida.** Los *millennials* no se conforman con tener *un trabajo*, sino que quieren tener *un buen trabajo*. Desean contribuir con su esfuerzo a una organización que les valore por sus fortalezas y que les dé la oportunidad de hacer lo que mejor saben hacer cada día. No existe una frontera entre su trabajo y su vida personal: su trabajo es su vida.

La tabla 2.4 ilustra la evolución en las expectativas de la fuerza laboral y el cambio en sus demandas que Gallup ha constatado tras décadas de análisis de las relaciones entre las empresas y sus empleados.

Una nueva propuesta de valor para el empleado

La propuesta de valor para el empleado, según la definen en la página web de Michael Page —una de las empresas líderes mundiales en la selección de personal cualificado— es «el conjunto único de beneficios que recibe un empleado a cambio de las habilidades, capacidades y experiencia que aporta a una empresa». Debe abarcar las «principales razones por las que las personas se sienten motivadas y orgullosas de trabajar allí, como una visión inspiradora o una cultura distintiva».

Es una definición como tantas otras existen sobre este concepto. Pero la hemos elegido porque ya anticipa los elementos que más contribuyen, como veremos más adelante, a fomentar la motivación y el compromiso o *engagement*

Tabla 2.4. El cambio en las demandas de los trabajadores

Pasado	Futuro
Mi salario	Mi propósito
Mi satisfacción	Mi desarrollo
Mi jefe	Mi *coach*
Mi evaluación anual	Mis conversaciones continuas
Mis debilidades	Mis fortalezas
Mi empleo	Mi vida

Fuente: Jim Clifton y Jim Harter, *It's the manager*, 2019.

de los empleados, que se ha convertido en la misión principal de la función de recursos humanos: la identidad y la cultura corporativa, el propósito y la visión de la empresa, el sentido de orgullo y pertenencia... Y, en última instancia, una «propuesta única, relevante y convincente». Es decir, una propuesta atractiva y diferencial que permita a las organizaciones construir una ventaja competitiva sólida sobre la base de su capital humano.

De ahí que en los últimos años se haya popularizado el concepto de «marca del empleador» o *employer's brand*, y hayan proliferado los *rankings* y listas de las «mejores empresas para trabajar» y las plataformas en las que se comparten información y experiencias.

Pero vayamos a la pregunta principal: ¿qué es lo que realmente motiva y retiene hoy a los empleados? ¿Cómo fomentar el anhelado compromiso o *engagement* de las personas que trabajan para la organización?

La respuesta apunta a una combinación de factores que ya hemos ido mencionando, y otros los iremos desgranando en páginas sucesivas. Pero como punto de referencia utilizaremos el cuestionario Q12 de Gallup, desarrollado a finales de la década de 1990 para evaluar el nivel de compromiso de los empleados y uno de los más utilizados por las empresas. A través de un total de doce preguntas breves (véanse los ítems en la tabla 2.5), el test analiza la percepción del empleado sobre aquellos aspectos que, como han demostrado décadas previas de investigación, tienen un impacto más directo en el nivel de motivación y compromiso de las personas con su trabajo.

Nótese que la mayoría de los factores analizados, si no todos, pueden relacionarse fácilmente con alguna de las tres necesidades psicológicas humanas básicas que conducen a la automotivación: la *autonomía* (saber en qué consiste exactamente el trabajo de uno, tener las herramientas necesarias para poder hacerlo

Tabla 2.5. Los doce factores clave sobre motivación en el trabajo,
según el cuestionario Gallup Q12

1	Expectativas claras sobre lo que se espera del empleado
2	Disponibilidad del material y del equipo necesarios para poder hacer bien el trabajo
3	Oportunidad de hacer diariamente en el trabajo lo que uno sabe hacer mejor
4	Recibir reconocimientos y elogios por el trabajo bien hecho al menos una vez a la semana
5	Tener a alguien que se preocupa del empleado como persona
6	Tener a alguien que fomenta el desarrollo del empleado
7	Tener la sensación de que las opiniones del empleado cuentan
8	La misión o el propósito de la empresa hacen sentir al empleado que su trabajo es importante
9	Tener compañeros de trabajo comprometidos con la calidad
10	Tener un mejor amigo en el trabajo
11	Haber tenido alguna conversación sobre el progreso del empleado en los últimos seis meses
12	Haber tenido oportunidades en el trabajo para aprender y crecer en el último año

Fuente: Elaboración propia, a partir de Gallup (Marcus Buckingham y Curt Coffman, *Primero, rompa todas las reglas*, 2000).

bien, tener la sensación de que sus opiniones cuentan), la *competencia* (poder hacer lo que uno sabe hacer mejor, ser reconocido por ello, tener a alguien que se preocupa por su desarrollo, conversaciones sobre sus progresos y oportunidades para crecer y aprender) y la *relación* (tener a alguien que se preocupa del empleado como persona, sentir que con su trabajo contribuye a la misión o el propósito de la empresa, tener relaciones de apoyo con los compañeros, incluso un mejor amigo en el trabajo).

En otras palabras, el cuestionario se centra en las motivaciones intrínsecas y trascendentales de las personas y deja fuera deliberadamente las motivaciones extrínsecas: salario, compensaciones, beneficios, ascensos y demás. Eso no significa que los mecanismos de evaluación y compensación no tengan importancia. Desde luego que la tienen. Pero en los últimos años se ha puesto el acento en los aspectos más humanos y relacionales de la motivación, porque se ha demostrado que tienen una enorme influencia sobre el comportamiento de las personas.

Muchas empresas ya han reorientado sus políticas de recursos humanos hacia la satisfacción de esas necesidades psicológicas universales y se han enfocado en mejorar el bienestar físico y emocional de sus trabajadores con el objetivo de ofrecerles una mejor «experiencia del empleado». Este nuevo enfoque se ha trasladado también al diseño de las políticas de compensación. Según un informe de Deloitte, la mayoría de las organizaciones están precisamente ahora inmersas en un proceso de rediseño de sus compensaciones o lo han acometido en los últimos tres años. Y lo hacen poniendo énfasis en el refuerzo de aspectos como el sentido de propósito y significado (valorar las contribuciones individuales), la transparencia y la apertura (posibilitar las aportaciones bidireccionales), la ética y la equidad (recompensar por responsabilidades ampliadas y cambiantes, aplicar la equidad en el procedimiento y la distribución, apoyar un salario digno), el crecimiento y la pasión (pagar por la adquisición de nuevas habilidades, incentivar el comportamiento innovador), y el fomento de la colaboración y las relaciones personales (recompensas a nivel de equipo).

Todo ello deja claro que, si bien los salarios altos y los beneficios únicos pueden haber sido en algún momento la clave para atraer al mejor talento, la misión y la cultura de una organización pueden ser tanto o más importantes que el dinero para un número creciente de personas.

Importancia estratégica de los criterios ambientales, sociales y de gobernanza (ESG)

La demanda de una mayor transparencia y legitimidad social a las empresas por parte de ciudadanía, gobiernos e instituciones, y la idea cada vez más asumida de que las empresas no pueden progresar a costa de sacrificar el bienestar económico, social y ambiental de las personas y del planeta, han favorecido el despliegue de todo tipo de iniciativas empresariales basadas en el cumplimiento de criterios ambientales, sociales y de gobernanza, también conocidos como ESG por sus siglas en inglés *(environment, social and governance)* que, en muchas ocasiones, han requerido un replanteamiento e incluso una profunda reestructuración de las operaciones y procesos empresariales: desde el aprovisionamiento de materias primas y la elección de los proveedores hasta la protección de datos de los consumidores, pasando por el consumo energético y la emisión de gases contaminantes durante la fabricación y la distribución de bienes y servicios, la elección de los envases y *packagings* o las condiciones laborales de los empleados. El abanico es tan amplio como inabarcable, pero la idea que subyace siempre es la misma: todo es susceptible de ser modificado si no se ajusta a las exigencias de los consumidores y a los nuevos estándares de responsabilidad social, económica y medioambiental.

En otras palabras, es algo que va mucho más allá del cumplimiento de las normativas y leyes vigentes, o del esfuerzo de las organizaciones por mejorar en transparencia y *compliance*. Es la respuesta que las empresas están dando a un número creciente de consumidores, empleados e inversores que valoran a las empresas por su compromiso social, penalizando a las que no cumplen con sus expectativas y premiando a las que sí.

Por supuesto, hay mucho de *marketing* y de estrategia de marca y reputación corporativa en este tipo de actuaciones de las compañías. Pero no se trata de una mera moda corporativa, o de un capricho de los *millennials*, porque aquí lo que está en juego es la propia rentabilidad y competitividad de los negocios, ya que todo esto afecta a la eficiencia y sostenibilidad de sus procesos industriales, a la continuidad de su masa crítica de clientes, y a la estabilidad de sus flujos de ingresos. Es, por tanto, una cuestión de supervivencia.

Aunque liderar con un propósito que tenga un efecto positivo sobre las llamadas 3 P, de *people, planet and profit*, puede tener numerosos beneficios para las compañías que consigan llevarlo a cabo. Desde la Harvard Business School, por ejemplo, han documentado hasta ocho beneficios de las estrategias empresariales basadas en la sostenibilidad:

1. *Impulsan la innovación interna.* La transición hacia prácticas empresariales sostenibles brinda una oportunidad única para que crezcan ideas nuevas e innovadoras: métodos de producción más eficaces, materiales e insumos alternativos, tecnologías y procesos internos más eficientes energéticamente... La búsqueda de la sostenibilidad conlleva reevaluarlo y, en ocasiones, descubrir que hay formas más baratas, éticas o productivas de hacer las cosas.

2. *Mejoran el riesgo ambiental y de aprovisionamiento.* Invertir en sostenibilidad puede tener también un efecto positivo sobre la gestión de riesgos. Por ejemplo, si se sustituyen las energías fósiles por energías renovables, más estables en precio y económicas a largo plazo.

3. *Atraen y retienen a los empleados.* Ser una empresa sostenible también puede tener un gran impacto en la capacidad de atraer y retener talento. Según una encuesta de la empresa de energía limpia Switch, casi el 70 % de los empleados afirman que el sólido programa de sostenibilidad de su empresa influye en su decisión de permanecer en ella a largo plazo. Y tres de cada cuatro empleados *millennials* incluso estarían dispuestos a recibir un salario algo menor con tal de trabajar en una compañía responsable con el medio ambiente.

4. *Amplían el alcance de la audiencia y fomentan la lealtad a la marca.* Poner el foco en la sostenibilidad no solo mejora la capacidad de atraer y retener talento de las empresas, sino que también contribuye a aumentar la cantidad y la calidad de su base de clientes. Según un estudio conducido por el Centro de Empresa Sostenible de la Universidad Stern de Nueva York, en más del 90 % de las categorías de bienes de

consumo envasados, los productos comercializados como sostenibles crecieron más rápido que sus contrapartes convencionales. Por otra parte, Unilever reveló no hace mucho que sus marcas más sostenibles crecen un 46 % más rápido que el resto del negocio y ya suponen el 70 % del crecimiento en sus ingresos.

5. *Reducen los costos de producción.* El uso de menos recursos, o de recursos más sostenibles, también puede repercutir positivamente en los costos de producción. Examinar la cadena de suministro, el proceso de producción, los embalajes o el uso de energía en tiendas físicas y edificios de oficinas puede ayudar a identificar tanto el malbaratamiento de recursos como la oportunidad de cambiar a alternativas más ecológicas, lo que a la larga puede constituir un ahorro significativo en los costos de una empresa.

6. *Obtienen publicidad positiva.* Otro resultado de apostar por la sostenibilidad es la publicidad positiva que puede generar para las empresas que, a su vez, puede fomentar un mayor sentido de pertenencia y orgullo entre sus empleados, actuar como un reclamo para los solicitantes de empleo más sensibles a la causa ambiental y generar una mayor lealtad y tasa de referencias entre los clientes.

7. *Ayudan a destacar en un mercado competitivo.* En un mercado altamente competitivo, cualquier forma de diferenciar los productos y la marca de una empresa de los de sus competidores resulta muy valiosa. Las prácticas empresariales sostenibles pueden ser una muy buena forma de destacar, especialmente si los competidores todavía no han adoptado ese tipo de prácticas o si ya han empezado la transición a la sostenibilidad pero todavía pero no las han igualado. Además, el interés de los consumidores en las prácticas de sostenibilidad de las marcas va en aumento.

8. *Marcan tendencia en la industria.* La sostenibilidad no solo ayuda a una empresa a diferenciarse de sus competidoras, sino que también influye

en sus comportamientos. Si una compañía es pionera en la adopción de prácticas sostenibles, puede destacarse como el líder que marca tendencias en el sector e incitar a otras empresas a seguir su ejemplo. Y si la tendencia en sostenibilidad continúa, puede convertirse en la norma de la industria, haciendo que el efecto agregado de las prácticas sostenibles impulsadas tenga un impacto real y significativo en la solución a uno de los problemas más graves que enfrenta actualmente la sociedad.

El papel creciente que está teniendo la incorporación los criterios ESG en la definición de las estrategias competitivas de las empresas se ha visto respaldado por los resultados de distintas encuestas y estudios. Por ejemplo, una encuesta llevada a cabo por PwC, y publicada en 2021, entre más de 5.000 consumidores, 2.500 empleados y 1.200 líderes empresariales de cinco países distintos (Estados Unidos, Brasil, Reino Unido, Alemania e India), reveló que:

- El 83 % de los consumidores piensa que las compañías deben dar forma activamente a las mejores prácticas en ESG.
- El 91 % de los líderes empresariales cree que su compañía tiene la responsabilidad de actuar sobre los problemas de ESG.
- El 86 % de los empleados prefieren apoyar o trabajar para empresas que se preocupan por los mismos problemas que les preocupan a ellos.

Existe, por tanto, un elevado consenso entre las partes implicadas, y la voluntad compartida de seguir avanzando en la aplicación de los criterios ESG, que han adquirido un protagonismo muy relevante en los años recientes y, sin duda, lo seguirán teniendo en años sucesivos.

Las cinco tareas de Drucker, revisitadas

El impacto y la trascendencia de los fenómenos descritos en los dos apartados anteriores configura un contexto y un marco de referencia totalmente distinto al que enfrentaron los altos directivos durante la mayor parte del siglo XX. Por ello se hace necesaria tanto la revisión de los cambios como la actualización de los roles y prioridades de la alta dirección.

Lo haremos tomando como punto de partida las cinco tareas esenciales del mánager descritas por Peter Drucker en su obra de referencia *The practice of management* de 1954, que todavía se enseñan en las escuelas de negocio de todo el mundo y que han quedado grabadas prácticamente a fuego en la mente de cientos de miles de directivos: establecer objetivos, organizar actividades y recursos, motivar y comunicar, medir el rendimiento y desarrollar personas. Veamos, una por una, cómo esas cinco tareas han evolucionado y se van adecuando al entorno actual.

De «establecer objetivos» a «modelar una visión de futuro»

Según Peter Drucker, la primera tarea esencial del mánager es la de establecer objetivos. La definición de esos objetivos suele ser el resultado de un plan estratégico previamente establecido por la alta dirección de la compañía, tras realizar el clásico análisis DAFO.

El problema es que en entornos de gran velocidad y complejidad, como los que caracterizan el actual escenario competitivo, los objetivos caducan muy deprisa, las previsiones no se cumplen y las estrategias definidas para la consecución de dichos objetivos pueden quedar rápidamente desfasadas.

Auge y caída de la planificación estratégica

Desde que entrara en escena en la década de 1960, la planificación estratégica había sido considerada por la mayoría de líderes empresariales como «la mejor manera» de diseñar e implementar estrategias. Sin embargo, y como hemos visto en el capítulo 1, el cambio de siglo coincide con la eclosión de una serie de cambios trascendentales que reconfiguran por completo el escenario competitivo y, además, lo hacen a gran velocidad.

De hecho, ya a mediados de la década de 1990, algunas voces empezaron a pregonar la muerte de la planificación estratégica, argumentando que, en escenarios altamente competitivos, dinámicos y volátiles, planificar escenarios, estrategias y objetivos ha dejado de tener sentido porque rápidamente quedan desfasados, obsoletos y superados por la realidad. Así, vale la pena recordar la contribución al debate que hizo Henry Mintzberg en uno de sus trabajos más celebrados. En 1994 escribió *Auge y caída de la planificación estratégica*, en el que explicaba que el fracaso de la planificación estratégica reside, en gran medida, en la «gran falacia» sobre la que se construyó este concepto, que no es otra que la de haber confundido *planificación estratégica* con *pensamiento estratégico*. De hecho, la primera a menudo arruina al segundo, ya que «hace que los directivos confundan la realidad con la manipulación de los números» y nos recuerda que «las estrategias más exitosas son visiones, no planes».

En ese mismo trabajo, Mintzberg explica también que la «gran falacia» de la planificación estratégica se ha construido alrededor de tres supuestos igualmente falaces: el de creer que es posible predecir el futuro *(falacia de la predicción)*, el de pensar que los estrategas pueden separarse de los objetos de sus estrategias *(falacia del desapego)* y el de dar por hecho que el proceso de elaboración de estrategias puede formalizarse *(falacia de la formalización)*.

Con todo, Mintzberg reconoce que la planificación estratégica (aunque sería más apropiado llamarle *programación estratégica)* ha sido y puede seguir siendo útil como instrumento para programar y hacer operativas las estrategias viables; para comunicar, coordinar y controlar los planes y las intenciones estratégicas de la compañía; para rastrear el entorno y detectar posibles amenazas y oportunidades… En suma, que los planificadores hagan su contribución *alrededor* del proceso de formulación de estrategia, pero no *dentro* del mismo. Y mucho menos si lo que pretende es aportar una única respuesta correcta y ceñida a un cronograma completo y cerrado de antemano. Eso supondría cerrar la puerta a la innovación, la flexibilidad, la creatividad, la intuición, la adaptación, el desarrollo del talento… O sea, a todo lo que hoy se reivindica como esencial para competir y sobrevivir en tiempos de alta complejidad, incertidumbre y volatilidad.

De ahí que hoy en día el concepto de planificación estratégica haya sido progresivamente reemplazado por el de *agilidad estratégica,* entendida como la capacidad de adaptarse constantemente a los cambios en el entorno, pero manteniendo fijos la visión, los valores y el propósito. Más ejecución y menos planificación y diseño de la estrategia.

Visión de futuro

Los planes estratégicos a tres, cinco o diez años vista han dejado de funcionar —hay incluso quien opina que ni siquiera el plan anual tiene ya sentido, y se dice que «el trimestral es el nuevo anual»—, y ahora se sustituyen por estrategias dinámicas, adaptativas y flexibles, pero bien asentadas en la visión, el propósito y los valores de la organización, que son los que proporcionan dirección, claridad, unidad de acción y coherencia a los objetivos y metas que se plantean. Pero, si los planes estratégicos a medio y largo plazo ya no funcionan, ¿cómo saber si estamos tomando la dirección adecuada?

La clave está en «preservar el núcleo mientras se estimula el progreso»: ese es el *quid* de la cuestión, según avanzaron hace ya más de treinta años James Collins y Jim Porras en su clásico y superventas *Build to last: successful habits of visionary companies*. Esta dinámica, argumentan, es la que está detrás del éxito sostenido que han tenido durante décadas compañías de referencia como HP, 3M, Nordstrom, Johnson & Johnson, Procter & Gamble, Merck o Sony, entre otras, que ellos definieron como *visionarias*. Entienden la diferencia entre lo que no debería cambiar nunca y lo que debe estar abierto al cambio; entre lo que es genuino y sagrado, y lo que no. Esta rara capacidad de gestionar la continuidad y el cambio está estrechamente relacionada con la capacidad de desarrollar una visión.

La visión proporciona orientación sobre qué núcleo preservar y hacia qué futuro estimular el progreso. Para clarificar y añadir rigor a este concepto, a menudo vago, impreciso y confuso, estos autores proponen un marco conceptual, basado en más de seis años de investigaciones y de trabajo con directivos, sobre cómo construir una visión efectiva y coherente. Según los autores, una visión bien concebida se apoya en dos componentes principales: la ideología central *(core ideology)* y el futuro imaginado *(envisioned future),* tal como ilustra la figura 2.3.

La declaración de visión, por tanto, representa una proyección idealista de cómo será la empresa en el futuro y establece una dirección definida para la planificación y ejecución de estrategias a medio y largo plazo a la compañía, unidad de acción entre sus distintos departamentos y unidades de negocio, y motivación para todos quienes se relacionan con ella.

Pero no todas las declaraciones de visión sirven para conseguir esos objetivos. Una visión bien construida tiene que asentarse sobre la cultura y los valores de la empresa, definir quién es y hacia dónde se dirige, proporcionar motivación e inspiración a todos sus miembros, incorporar una mirada hacia el futuro y estar dirigida a traer mejoras y beneficios futuros a la organización.

En escenarios muy dinámicos y volátiles, la planificación estratégica basada en el establecimiento de objetivos a uno, tres, cinco o incluso diez años vista

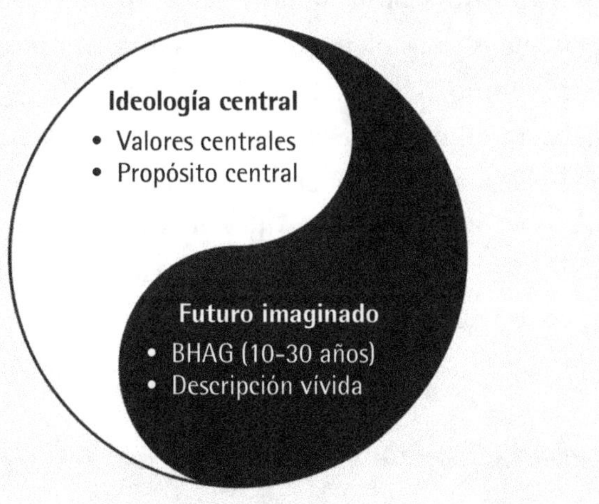

Ideología central define el carácter perdurable de una organización, una identidad consistente que trasciende los ciclos de vida de productos y mercados, los avances tecnológicos, las modas de gestión y los líderes individuales.

- *Valores centrales:* sistema de principios rectores y reglas que la organización elige libremente y se compromete a defender por su valor intrínseco y atemporal.
- *Propósito central:* razón de ser principal de la organización que refleja las motivaciones idealistas de las personas para hacer el trabajo de la empresa.

Futuro imaginado representa la proyección deseada, aquello en lo que la organización aspira a convertirse el día de mañana.

- *BHAG, de big, hairy, audacious goals* (literalmente, «metas ambiciosas, audaces y peliagudas»): sistema de principios rectores y reglas que la organización elige libremente y se compromete a defender por su valor intrínseco y atemporal.
- *Descricpción vívida,* lo que reportará en el futuro la consecución de dichas metas a la organización y a sus miembros.

Fuente: Adaptada de *Build to last: successful habits of visionary companies.* Jim Collins y Jerry I. Porras, 1996.

Figura 2.3. Cómo se articula una visión.

ha dejado de funcionar. Puede tener todavía cierto sentido como ejercicio de reflexión, de proyección de escenarios o de prospectiva del mercado, en tanto que obliga a los directivos a desarrollar el pensamiento estratégico. Pero no sirve para articular una estrategia operativa a medio y largo plazo que efectivamente pueda llevarse a cabo. De ahí que las empresas la hayan ido sustituyendo progresivamente por una visión de futuro, más abierta y menos concreta, pero también más idealista y motivadora, que marque un norte para la toma de decisiones estratégicas y, al mismo tiempo, actúe como un elemento integrador que garantice la unidad de acción de la organización y como un motivador para quienes trabajan en ella. Por lo que ahora, el rol de «establecer objetivos» ha evolucionado hacia el de «modelar una visión de futuro», ya que es responsabilidad del líder trabajar para construir esa visión, comunicarla correctamente, y asegurarse de que todas las personas, operaciones y procesos de la empresa son consecuentes con ella.

De «organizar actividades y recursos» a «empoderar equipos»

La segunda tarea esencial del directivo, según Peter Drucker, es la de organizar las actividades y los recursos. Sin embargo, esa visión del líder como el planificador y organizador supremo también choca con la realidad. Los cambios en el entorno, y la rapidez con la que se producen, han hecho que cada vez más empresas se replanteen la configuración de sus sistemas y procesos, e incluso su arquitectura organizativa, buscando fórmulas alternativas que les proporcionen mayor flexibilidad y capacidad de respuesta a los retos del mercado.

De estructuras jerárquicas a sistemas en red

Las jerarquías tradicionales y los procesos de gestión —los componentes del «sistema operativo» de una empresa, según explica John Kotter— pueden satisfacer las demandas diarias de la gestión de una empresa, pero rara vez están equipados para identificar los peligros más importantes con la suficiente antelación, formular iniciativas estratégicas creativas con la suficiente agilidad, ni implementarlas con la suficiente rapidez.

La solución que plantea Kotter es la de dotar a la organización de un segundo sistema operativo —una estructura ágil, en forma de red, formada por empleados de todos los niveles de la empresa—: un sistema operativo dual, en el que coexisten las estructuras jerárquicas tradicionales con los nuevos sistemas en red (véase la figura 2.4). Pero la mayoría de organizaciones están priorizando lo segundo: la flexibilización del organigrama, la simplificación de las cadenas de mando, la reducción de la jerarquía y de la burocracia, y la creación de equipos multifuncionales o de grupos de trabajo por proyectos, más pequeños y más ágiles, que trabajan con mayor autonomía, libertad y capacidad de decisión en una serie de objetivos muy concretos.

En otras palabras, las empresas se están organizando para adaptarse a la era de la velocidad, que se ha convertido en un elemento crítico para la competencia en el mercado de consumo actual. Las nuevas tecnologías, tendencias y formas de comprar han transformado enormemente el paisaje competitivo. Muchas grandes empresas han visto en los últimos años como rivales mucho más pequeños, pero también mucho más ágiles, les han ganado la partida en el

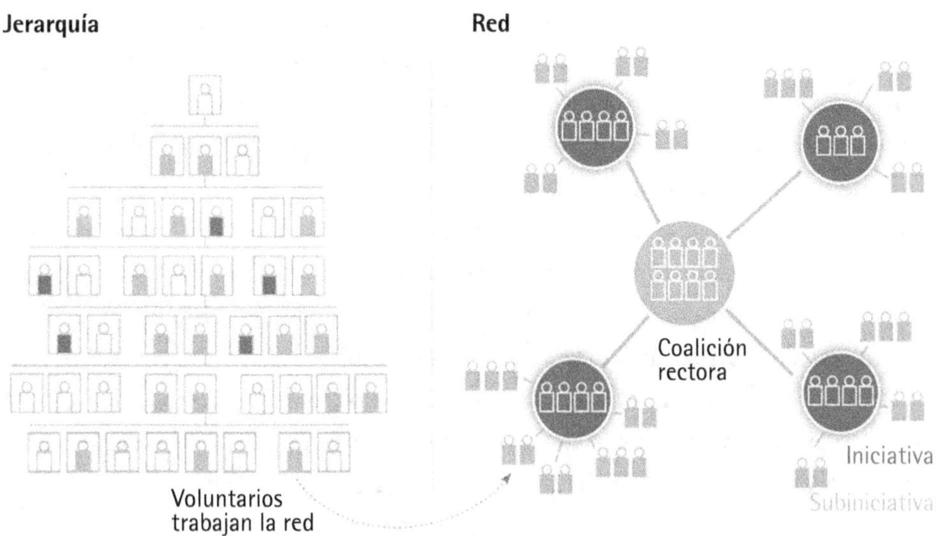

Fuente: Adaptada de *Accelerate!* John P. Kotter, *Harvard Business Review*, noviembre 2012.

Figura 2.4. El sistema operativo dual.

mercado porque han sido capaces de recortar sensiblemente los ciclos de innovación y lanzamiento de productos.

Empoderamiento y descentralización

Se trata, en definitiva, de acelerar el metabolismo de la organización para aumentar su capacidad de respuesta a los cambios de escenario. Y para lograrlo es esencial capacitar a las personas, dándoles mayor responsabilidad y autonomía para que puedan aplicar su propio criterio, y empoderar equipos, formando grupos más pequeños y multifuncionales que persigan sus propias ideas y que cuenten con un presupuesto para llevarlas a cabo.

La necesidad de velocidad nunca ha sido mayor, por lo que acciones como acelerar y delegar la toma de decisiones, aplanar la estructura y dar rienda suelta a equipos ágiles y empoderados deberían estar en la hoja de ruta. Empoderar equipos, además, reporta muchos otros beneficios relacionados con la motivación y el compromiso de los empleados.

Según las investigaciones de Joseph Folkman, cofundador de la firma especializada en liderazgo y desarrollo organizativo Zenger Folkman y columnista habitual de la revista *Forbes*, tener empleados que se sienten responsables y empoderados crea un ambiente de trabajo mucho más agradable y productivo. Tras analizar los datos de más de 7.000 empleados, midiendo tanto su nivel de empoderamiento como su nivel de compromiso, observó que aquellos empleados que se sentían poco empoderados mostraban un nivel de compromiso en el percentil 24, mientras que aquellos con un alto grado de empoderamiento se situaron en el percentil 79, es decir, más que triplicaban su nivel de compromiso. Además, el empoderamiento no solo impacta positivamente en el nivel de compromiso de los equipos, sino que afecta también a la productividad: según ese mismo estudio, solo el 4 % de los empleados está dispuesto a realizar un esfuerzo extra cuando su nivel de empoderamiento es bajo, pero este porcentaje se eleva hasta el 67 % cuando el empoderamiento es alto. Y ese esfuerzo discrecional de los empleados —su disposición a realizar ese esfuerzo extra— tiene un impacto significativo en la productividad.

Así que el nuevo imperativo para los altos directivos es la creación y gestión de equipos transversales, ágiles y empoderados que actúen más allá de las jerarquías del organigrama clásico. A imagen y semejanza de las organizaciones *Agile* —la palabra de moda en organización empresarial— típicas del ecosistema innovador y de las *startups*.

Pero, ¿cómo deben actuar los líderes empresariales para conseguir equipos eficientes, ágiles y empoderados? Lo primero y fundamental es vencer la tentación que muchos directivos tienen de practicar el *micromanagement*, un estilo de dirección que se caracteriza por un control excesivo —y normalmente contraproducente— por parte del líder sobre los miembros de su equipo: controlar detalles sin importancia de la tarea que están realizando, querer saber en todo momento dónde están y qué están haciendo exactamente cada uno de ellos, invadir o inmiscuirse en su parcela de actividad sin un motivo justificado... De hecho, el *micromanagement* puede definirse como lo contrario al empoderamiento, y es peligroso porque puede crear un ambiente tóxico en el trabajo y lastrar la productividad del grupo, frustrando a los empleados y empujándoles a hacer lo mínimo para cubrir el expediente.

El empoderamiento, por el contrario, libera a los directivos, aumenta el esfuerzo de los empleados e impulsa el compromiso entre los miembros de la plantilla, lo que redunda en un mayor rendimiento de la organización a distintos niveles. Pero, para que funcione, los directivos deben tener en cuenta algunas consideraciones importantes. Los académicos de Wharton, por ejemplo, recomiendan a los líderes cinco formas de empoderar a sus equipos para que tomen decisiones.

- **Trabajar por un objetivo común, pero no por un camino** único. Eso implica plantear objetivos, formular preguntas y dejar que cada miembro del equipo proponga sus ideas, en lugar de desanimar opiniones y propuestas o mostrarse reticente a la posibilidad de hacer las cosas de otra manera. El líder puede tener su propia visión de cómo deberían ser las cosas —de hecho, debería tenerla— pero la virtud de los liderazgos compartidos está precisamente en el contraste de esa visión con la del resto de miembros del equipo, que pueden aportar maneras más eficientes, innovadoras o creativas de llevarla a cabo.

- **Crear una cultura basada en las fortalezas.** Cuando los empleados pueden utilizar sus puntos fuertes en su trabajo, su confianza crece y se sienten más empoderados. Los líderes y supervisores de equipos, por tanto, deberían identificar y ayudar a sus colaboradores a descubrir sus propios puntos fuertes, y asignarles tareas y proyectos que les permitan desarrollarlos.

- **Reforzar los comportamientos positivos.** Cuando los líderes y supervisores abandonan la microgestión y empoderan a sus equipos para que tomen decisiones pueden producirse errores. Es normal. No es aconsejable sancionar a los empleados por ellos, sino transformarlos en oportunidades de aprendizaje constructivo para que entiendan qué ha fallado y cómo evitarlo en un futuro. Recompensar los comportamientos positivos suele ser mucho más efectivo que castigar los negativos. Igual que el reconocimiento, que debería ser personal, específico y oportuno.

- **Abrir las líneas de comunicación.** Cuando el líder delega funciones y competencias a sus colaboradores, es importante que muestre su confianza en que el equipo las llevará a cabo con éxito y les deje hacer. Pero también que se muestre siempre disponible para dar consejo y guía cuando se lo pidan, reunirse periódicamente con el equipo para evaluar el progreso, hacer comentarios positivos para animarlos, ofrecerles capacitación y desarrollo si lo necesitan… En otras palabras: no puede delegar y luego desaparecer.

- **Actuar como un mentor alentador.** Crear una cultura y un entorno en que los miembros del equipo se sientan respetados y valorados, y hacer de mentor, alentando a las personas a compartir sus objetivos de carrera y ayudándoles a desarrollar sus fortalezas. Y, si se da el caso, deberá ser capaz también de mediar en el conflicto para resolverlo lo antes posible y sin perjudicar la armonía del grupo.

Por su parte, y basándose en sus investigaciones, Folkman destaca la existencia de seis elementos clave que favorecen el empoderamiento de los equipos.

- **Apertura a nuevas ideas.** Cuando el líder de un grupo se muestra abierto y receptivo a las ideas de los miembros de su equipo, el empoderamiento es significativamente mejor. Practicar la escucha activa y hacer que las opiniones de los demás cuenten no solo amplía la variedad de posibles respuestas a un reto, sino que transmite a las personas el mensaje de que son valoradas y respetadas.

- **Desarrollar a los miembros del equipo.** Les ayuda a adquirir conocimientos, experiencia y habilidades, lo que mejora su rendimiento. También hace que se sientan apreciados y que la empresa está dispuesta a invertir en ellos.

- **Un mánager que proporciona apoyo y confianza.** Si no existe confianza en el líder del equipo, los empleados se resisten al empoderamiento. El líder debe saber ganarse la confianza y el respeto de sus colaboradores a través de una comunicación bidireccional efectiva y mostrando su disponibilidad a hacer los cambios que el equipo plantee.

- **Reconocimiento, recompensas y** ánimo. Los comportamientos y actitudes que son reconocidos y recompensados tienden a repetirse. Los líderes que saben reconocer y animar a sus equipos suelen tener colaboradores más motivados y dispuestos a comprometerse.

- **Entorno de trabajo positivo.** Cuando hay un buen ambiente de trabajo, donde las personas se sienten valoradas y respetadas, el grado de empoderamiento es mayor. Por el contrario, si hay mal ambiente, conflictos y crisis, las personas ni se sienten empoderadas ni desean empoderarse.

- **Dar autoridad a los miembros del equipo.** Cuanto mayor es el control que tienen las personas sobre su trabajo y sobre cómo llevarlo a cabo, mayor es su sensación de empoderamiento. Y mayor su predisposición a trabajar duro para ofrecer su mejor versión.

En las organizaciones del siglo XXI se imponen claramente los liderazgos compartidos y los procesos colaborativos. El líder no puede ni debe pretender tener todas las respuestas. La velocidad de los cambios en el mercado y la complejidad operativa que han alcanzado las empresas hacen que sea imposible que una sola persona pueda organizarlo y controlarlo todo. Además, para aprovechar todo el potencial del talento disponible es necesario dotarlo de mayor autonomía, algo que los mejores directivos de hoy en día consiguen mediante la descentralización de las decisiones, la simplificación de las estructuras organizativas y la creación de equipos multifuncionales, ágiles y enfocados que trabajan con mayor autonomía. La función del directivo ya no es tanto la organización de las actividades y los recursos, que en buena parte pueden (e incluso deben) delegarse, sino la creación y el desarrollo de equipos empoderados, capaces y motivados que trabajan alineados con la visión y los objetivos de la organización, pero con un grado mucho mayor de libertad y sin el constreñimiento de la jerarquía y de la burocracia.

De «motivar y comunicar» a «desarrollar un sentido de propósito»

Para Drucker, el mánager cumple una función esencial al comunicar y motivar a los miembros de su equipo. Y lo hace a través de su forma de dirigir, mediante las relaciones que mantiene con las personas a las que supervisa, con incentivos y recompensas por el trabajo bien hecho, con su política de ascensos y promociones y, sobre todo, mediante la comunicación constante con las personas que dirige.

Esta tarea sigue siendo esencial, pero la forma de llevarla a cabo ha cambiado sustancialmente porque también lo han hecho las relaciones entre directivos y empleados, las prácticas de gestión, y las expectativas, motivaciones y demandas de los trabajadores.

Las relaciones entre los directivos y sus colaboradores han cambiado significativamente, transitando desde un modelo de relación basado en la autoridad y en la jerarquía —el «ordeno y mando» ya mencionado— hacia un estilo de dirección más colaborativo, que apoya la capacitación y el desarrollo de las personas, el empoderamiento de los equipos y los liderazgos compartidos.

Las empresas han tenido que reaccionar para adaptarse a estos cambios y para darle la vuelta a unos datos, recabados en distintos estudios y encuestas, que revelan un problema acuciante en los niveles de motivación, compromiso y bienestar de los empleados en sus trabajos. Por ejemplo, en España, según un informe elaborado por la escuela de negocios IESE y la empresa de recursos humano Eurofirms, solo tres de cada diez trabajadores españoles con contrato fijo se sienten felices en su trabajo. De hecho, más del 80 % dice que «odian» o «tienen aversión» a los lunes y un porcentaje similar considera que su empresa es una fuente de estrés. Además, una amplia mayoría de ellos, seis de cada diez, no recomendaría su propia empresa a un amigo. Está claro que existe un amplio recorrido de mejora en lo que se refiere a la motivación de la fuerza laboral.

La importancia del propósito

En los últimos años, el concepto de propósito corporativo ha emergido como la respuesta casi unánime de teóricos y prácticos del *management* como la mejor forma de abordar este y otros retos que plantea el actual escenario competitivo. Porque, como veremos más adelante, el propósito no solo tiene el potencial para aumentar la motivación y el compromiso de los empleados, sino que cumple una función transversal e integradora que abarca otros muchos aspectos críticos para el negocio como la atracción de talento, la captación y fidelización de los clientes, la relación con los distintos *stakeholders* de la compañía, la construcción de su cultura e identidad corporativa, e incluso la orientación estratégica a medio y largo plazo de la misma.

El concepto de propósito, sin embargo, no es nuevo. Sumantra Ghoshal y Christopher Bartlett, profesores e investigadores de la London Business School y de Harvard, respectivamente, ya sugerían que los altos directivos deberían dedicar menos tiempo a desarrollar y refinar estrategias que resulten incompletas o puedan quedar rápidamente desfasadas y más tiempo a crear una cultura corporativa que permita a los propios empleados, desde niveles inferiores, desarrollar más iniciativas estratégicas. Crear una misión, un propósito corporativo vigorizante que permita a los empleados identificarse con la empresa, que dé sentido a sus trabajos y con la que estén dispuestos a comprometerse.

En los últimos años el propósito de las compañías ha alcanzado un protagonismo inusitado que la crisis provocada por la pandemia mundial no ha hecho más que reforzar. La declaración de propósito de agosto de 2019 del Business Roundtable, que elevó los intereses de los *stakeholders* al mismo nivel que los intereses de los accionistas, representa tanto una reevaluación del propósito como un reflejo de las tensiones que se han ido desencadenando en las últimas décadas. Marcó un hito destacado, como también lo hicieron poco después la carta de Larry Fink, CEO de BlackRock, o el manifiesto de Davos 2020. Pero la corriente de fondo que ha motivado este cambio de mentalidad en las empresas, ahora más dispuestas a abrazar el nuevo capitalismo de los grupos de interés, es anterior y está directamente relacionado con la demanda de una mayor responsabilidad y legitimidad social a las empresas por parte de la ciudadanía y las instituciones.

Porque, si bien es cierto que el capitalismo del accionariado ha catalizado buena parte del progreso durante la mayor parte del siglo xx, no lo es menos que también ha demostrado reiteradamente su incapacidad para abordar problemáticas sociales emergentes como el cambio climático, la creciente desigualdad en los niveles de renta o el aumento de las tensiones geopolíticas.

Los consumidores están boicoteando los productos de las compañías cuyos valores son vistos como contrarios a los suyos. Los inversores están migrando a fondos que invierten basándose en criterios ambientales, sociales y de gobernanza (ESG). Y la mayoría de los empleados en las empresas se sienten desconectados o poco comprometidos con su trabajo, como hemos visto.

De ahí que cada vez más empresas estén construyendo un propósito o reorientándolo para tratar de satisfacer a un número más amplio de grupos de interés, en línea con lo que la sociedad demanda y con lo que propugna ese capitalismo refundado que se ha convenido en llamar, precisamente, «capitalismo de los *stakeholders*» o de partes interesadas.

Propósito y compromiso

Entre las razones que explican la falta de conexión y entusiasmo de los empleados hay algunas que tienen que ver con un problema de liderazgo, pero hay otras que están relacionadas directamente con la identificación del empleado con la cultura, los valores y el propósito (o la falta de uno) de las organizaciones para las que trabajan. Sabemos, por ejemplo, que los *millennials* se sienten atraídos por empresas con una cultura y valores sólidos que están en línea con sus propios ideales y estilo de vida.

En general, las compañías que logran hacer que su misión sea personal para los empleados tienen un desempeño superior, al lograr cierta mejora en la conexión de los empleados con la misión o el propósito de su organización, una disminución en la rotación y un aumento en la rentabilidad.

El propósito no solo desata el potencial de los empleados, mejorando su nivel de motivación y compromiso, sino que también mejora la capacidad de la compañía para atraer talento. Según una encuesta de la consultora McKinsey realizada a partir de una muestra de más de 1.200 empleados y mánagers, el 82 % de los participantes afirmó que el propósito es importante, aunque solo el 42 % creía que el propósito declarado por su organización había tenido algún impacto. Por otra parte, la misma encuesta también reveló que contribuir a la sociedad y desarrollar un trabajo significativo, las dos mayores prioridades de los empleados de la muestra, eran el centro de solo el 21 % y el 11 % de las declaraciones de propósito, respectivamente, de las organizaciones analizadas.

Es uno de los errores que cometen habitualmente las organizaciones cuando tratan de definir y articular un propósito: elegir uno que no apela directamente a las motivaciones idealistas de sus miembros y que, en consecuencia, no logra el objetivo de inspirarlos y motivarlos para la acción. Otro error es el de caer en lugares comunes, tal y como ya advirtieron hace más de treinta años James C. Collins y Jerry I. Porras. Por ejemplo, definir como propósito la «creación de valor para el accionariado». El rol principal del propósito es guiar e inspirar a las personas en todos los niveles de la organización. Y un propósito como ese no consigue ni lo uno ni lo otro. Es demasiado vago e impersonal: no aporta una guía clara para la acción, ni guarda relación alguna con la identidad corporativa y con la cultura de la compañía (podría ser el de cualquier compañía de cualquier sector). Y, peor aún, se compromete a la creación de valor para solo una de las partes implicadas, el accionariado, dejando fuera al resto. No funciona.

Finalmente, existe un tercer error en la definición del propósito que consiste en describir simplemente sus líneas de negocio o segmentos de clientes actuales, sin prever que en el futuro podrían cambiar y evolucionar hacia nuevos «territorios».

Por su parte, los profesores de estrategia de la prestigiosa Kellogg School of Management Sally Blount y Paul Leinwand, en un artículo publicado en *Harvard Business Review* y titulado oportunamente «¿Por *qué estamos aquí?*», explican que una declaración de propósito verdaderamente poderosa es aquella que logra dos objetivos: articular claramente —de forma individual y sinérgica— las metas estratégicas de la compañía, y motivar a su fuerza laboral.

Propósito y orientación estratégica a medio y largo plazo

El propósito, por tanto, no solo sirve para inspirar y motivar a los miembros de la organización, sino también para orientar estratégicamente el futuro de la organización. ¿Y cómo se logra? Redifiniendo el terreno de juego y la propuesta de valor:

- Las compañías de alto crecimiento no se limitan a su terreno de juego actual, sino que piensan sobre ecosistemas enteros en los que la conexión de intereses y las relaciones entre múltiples *stakeholders* crean más oportunidades. Pero estas compañías no se aproximan a estos ecosistemas al azar, sino que dejan que sea su propósito el que las guíe.
- Dado que el enfoque conducido por el propósito facilita su crecimiento en nuevos ecosistemas, las compañías utilizan el propósito para crear una propuesta de valor holística y ofrecer a sus clientes beneficios que perduran en el tiempo. Las compañías pueden hacer este cambio de tres formas principales:

  - Respondiendo a las tendencias: expandiendo la propuesta de valor para ofrecer un servicio más personalizado y adaptado a las preferencias del consumidor (por ejemplo, ofreciendo un cierto grado de *customización*, paquetes integrados o mejorando la experiencia del cliente).
  - Basándose en la confianza: generando un nivel de confianza y de relación con los clientes y extendiendo la oferta a nuevos servicios, productos o prestaciones que generan nuevas fuentes de ingresos y beneficios (como hacen los bancos al ofrecer seguros).
  - Enfocándose en los puntos débiles: tratando de resolver necesidades no resueltas de los clientes o mejorando la forma en que se satisfacen, enriqueciendo la propuesta de valor o ampliándola con nuevos servicios o aplicaciones gracias a la innovación, a la tecnología o a la asociación

con otros *partners* (como hacen, por ejemplo, las operadoras de telecomunicaciones asociándose con las plataformas de contenidos).

Además, al poner el propósito en el centro de la estrategia, las empresas pueden obtener tres beneficios específicos que mejoran las capacidades *blandas* de la gestión, es decir, aquellos aspectos más relacionados con las personas.

- *Unidad para la organización.* Cuando las compañías buscan un cambio dramático y moverse dentro de ecosistemas más grandes, los empleados pueden sentirse contrariados. El propósito ayuda a los empleados a entender los porqués de esos movimientos y a alinearse con ellos.
- *Motivación para los* stakeholders. Cada vez más empleados, y especialmente los *millennials*, quieren trabajar para empresas en las que se pueda confiar para contribuir a una causa superior. Y cuando los consumidores, proveedores y otros grupos de interés ven que una compañía tiene un firme propósito superior, están más dispuestos a confiar en ella y más motivados para interactuar con ella.
- *Impacto positivo para la sociedad.* El propósito crea una base para responder a preguntas esenciales como: ¿por qué estamos en este negocio?, ¿qué valor podemos aportar? o ¿qué rol debe tener cada unidad en el portafolio de la empresa? Con ello se define cómo contribuirá cada unidad a la organización y cómo esta contribuirá al conjunto de la sociedad. Y este enfoque en los objetivos colectivos, a su vez, abre muchas más oportunidades para mejorar el crecimiento y la rentabilidad, tanto en el presente como en el futuro.

Propósito y consumidores

El propósito de una compañía también tiene un papel importante en la captación y fidelización de clientes: aumenta la confianza en la marca y genera consumidores más fieles, mejora la reputación de la compañía y su capacidad de diferenciarse de sus competidoras, e incluso eleva la disposición de los consumidores a pagar más por sus productos.

Cada vez más consumidores toman sus decisiones de compra considerando la responsabilidad social y el impacto ambiental de las compañías que producen esos bienes y servicios. A la hora de elegir una marca, se valoran acciones como el trato a los empleados, el cuidado del medio ambiente y el apoyo a las comunidades en las que opera. Hay consumidores dispuestos a pagar más por los productos y servicios de marcas y compañías comprometidas con la creación de un impacto social y medioambiental positivo, y hay cierto crecimiento promedio de ventas en las que tienen un compromiso demostrado con la sostenibilidad.

Propósito y *stakeholders*

La incorporación del propósito a la estrategia también facilita la gestión de riesgos, el desarrollo de nuevos mercados, y la construcción de relaciones de confianza con consumidores, inversores y otros *stakeholders:* proveedores, socios estratégicos, fuentes de financiación… De hecho, en un informe publicado recientemente, los analistas de Deloitte argumentaban la existencia de lo que ellos han llamado la «prima del propósito», demostrando con cifras que las empresas más orientadas a un propósito superan a sus pares en seis factores clave relacionados directamente con la creación de valor empresarial asociada al propósito: marca y reputación, ventas e innovación, acceso al capital, eficiencia operativa, talento y control de riesgos.

A pesar de la capacidad demostrada del propósito para crear valor empresarial, algunos escépticos todavía piensan que existen ciertos *trade-offs* inherentes entre propósito y resultado, entre valores y valor. Es inevitable que se planteen tensiones y conflictos entre los intereses de los distintos grupos de interés.

Con todo, las ventajas parecen superar ampliamente los inconvenientes. Especialmente cuando el propósito se incorpora en el núcleo mismo de la estrategia y se respalda con inversiones estratégicas: esas empresas son más rentables, obtienen mayores niveles de crecimiento y beneficios, y tienen mayores niveles de innovación y de retención de su fuerza laboral, entre otras ventajas.

En resumen, los directivos de las organizaciones del siglo XXI ya no pueden limitarse a comunicar los objetivos de la organización a sus equipos y a motivarlos con los mecanismos que tradicionalmente habían utilizado para lograr que pusieran el máximo empeño en ello. La forma en que los directivos más competentes están articulando la respuesta a estas demandas es la formulación de un propósito compartido que actúa como un elemento integrador de la propuesta de valor de la empresa, capaz de alinear los intereses de las distintas partes implicadas, de motivarlas y comprometerlas en la persecución de un fin común. Un fin que, además, ayuda a definir las mejores estrategias de futuro para el crecimiento a largo plazo de la organización y que incluso las puede llevar a descubrir nuevas oportunidades y fuentes de creación de valor.

De «medir el rendimiento» a «maximizar el potencial del capital humano»

Aunque por lo visto Peter Drucker nunca pronunció la frase *what gets measured, gets managed* —«lo que se mide, se gestiona»—, una cita que se le ha atribuido repetida y erróneamente, sí es cierto que entre las funciones de la administración él destacaba la importancia de controlar y medir las actividades de la organización, evaluando el desempeño de todos sus integrantes, para asegurar que se cumplen los objetivos previstos o rectificar si no es el caso. La cuestión está, claro, en cómo determinar *qué* es lo que se debe medir y *cómo* se debe medir.

Cambios en la evaluación del rendimiento

Durante décadas, el instrumento que han utilizado mayoría de las empresas para evaluar el rendimiento de sus empleados —y también para decidir sus políticas de recompensas, ascensos, promociones e incluso despidos— han sido las revisiones que tradicionalmente los jefes o supervisores realizaban una vez al año de sus empleados y subordinados. Y muchas empresas siguen funcionando así, aunque cada vez son menos. En cambio, cada vez son más las voces críticas con este tipo de evaluaciones, que las consideran ineficaces, costosas y obsoletas: consumen mucho tiempo y energía, no satisfacen ni a los empleados ni a sus supervisores, no contribuyen a mejorar el rendimiento de las personas, no se ajustan al modelo de evaluación continua y *feedback* regular que demandan las nuevas generaciones de empleados y, lo peor de todo, no transmiten una sensación de transparencia, equidad y justicia.

De hecho, compañías pioneras como Adobe, Deloitte, Microsoft o Gap hace ya bastante tiempo que reemplazaron sus evaluaciones anuales del rendimiento por métodos alternativos que proporcionan orientación y *feedback* a sus empleados sobre sus logros, progresos y potencial de mejora de forma más transparente, personalizada y frecuente. Se trata de hacer más hincapié en potenciar las fortalezas que en remarcar las debilidades de los empleados; incorporar otras opiniones, además de la del supervisor directo, para evitar sesgos y hacerlas más democráticas, y, en general, evitar reducirlas a una métrica, porcentaje o puntuación en un *ranking*. Obviamente, a nadie le gusta que la valoración de todo un año de trabajo se vea reducida a una cifra.

Foco en las personas y en su desarrollo

El capital humano es clave para la rentabilidad y el éxito de las empresas. En un contexto de cambio constante no solo la *aptitud*, sino también la *actitud* del capital humano tiene un papel todavía más importante, ya que la única forma de que las empresas logren la agilidad estratégica necesaria para seguir siendo competitivas es que las personas que en ellas trabajan desarrollen al máximo sus capacidades y sean capaces de adquirir otras nuevas. Pero, ¿cómo lograr desatar todo ese potencial?

Los líderes deben adoptar un enfoque más humano, desarrollando la empatía necesaria para descubrir habilidades indidualmente; la variedad de perfiles y la propia idiosincrasia de las personas son ahora un valor a reivindicar, ya que está demostrado que la igualdad, la diversidad y la multiculturalidad enriquecen el valor del talento disponible y generan resultados empresariales positivos. Para los líderes y supervisores, eso significa dedicar tiempo a comprender qué es lo que intrínsecamente motiva a cada empleado, a conocer cuáles son sus puntos fuertes, a orientarlo para que pueda crecer profesionalmente, y a hacerle saber qué es exactamente lo que se espera de él y por qué es importante su trabajo para el progreso de la organización.

Una encuesta reciente de Deloitte apunta a una evidente desconexión entre lo que empleadores y empleados consideran más importante. Los primeros tienden a dar más importancia a los aspectos transaccionales entre la empresa y sus trabajadores que los propios empleados, quienes ponen más el acento en los aspectos relacionales. Cuando se preguntó a los empleadores por qué su gente había renunciado citaron la compensación, el equilibrio entre el trabajo y la vida personal, y los problemas en la salud física y emocional de los empleados. Estos problemas importaban también a los empleados, pero no tanto como los empleadores pensaban: los tres factores principales que los empleados mencionaron como razones para dejar la empresa fueron que no se sentían valorados por sus organizaciones o sus directores o porque no tenían un sentido de pertenencia en el trabajo.

Pero esto ya está cambiando. Y el camino es reorientar las políticas de recursos humanos hacia un modelo más centrado en el «desarrollo» que en la «gestión» del talento. El matiz es importante, ya que implica poner menos énfasis en el control, la evaluación y la retribución del rendimiento y más en la autonomía, el progreso personal y la satisfacción de los empleados más allá del salario y los beneficios. Fomentar el desarrollo, el bienestar y el sentido de pertenencia de los empleados para reforzar su motivación y compromiso con la organización para la que trabajan, y conseguir así desencadenar todo su potencial, y que redunda en beneficio de todos. Los empleados satisfechos son más felices, más productivos y generan mejores resultados para sus empresas.

Motivación y compromiso

El nivel de compromiso o *engagement* del empleado viene determinado por factores como la sensación de claridad respecto el rol que debe desempeñar, tener la oportunidad de hacer lo que uno sabe hacer mejor, tener oportunidades de desarrollarse en el trabajo, disfrutar de relaciones sólidas y constructivas con los compañeros de trabajo y trabajar con una misión o propósito común.

Se han demostrado algunos beneficios relacionados con el desempeño comprometido: los empleados están más presentes y son más productivos, están más en sintonía con las necesidades de los clientes, y muestran mayor observancia de los procesos. También se aprecia una reducción en los niveles de absentismo, un aumento de la productividad, menor rotación, e incluso un aumento tanto en las calificaciones de los clientes como en las ventas. Unos efectos que, tomados en conjunto, pueden aumentar un 20 % la rentabilidad de las empresas. A ello se añade que los empleados comprometidos disfrutan de mejor salud y tienen menores posibilidades de experimentar el síndrome del *burnout*, de «quemarse» en el trabajo.

Optimizar la experiencia del empleado

La voluntad de las empresas de mejorar los niveles de motivación y compromiso de sus empleados, ese *engagement* con el que es posible lograr un mejor desempeño laboral y una ventaja competitiva sostenida, ha hecho que en años recientes haya adquirido un gran protagonismo el concepto de «experiencia del empleado» *(employee experience)*. Un concepto que propone cuidar a los empleados tanto como se cuida a los clientes y, además, hacerlo en todas y cada una de sus interacciones con la empresa.

En el año 2017 el IBM Smarter Workforce Institute y el Instituto de Investigación WorkHuman de Globoforce llevaron a cabo un ambicioso estudio a escala mundial sobre la experiencia del empleado ideal tomando como base las respuestas de más de 23.000 empleados de 45 países y territorios. El objetivo era sentar las bases para la construcción de un «índice de experiencia del empleado» que permitiera conocer mejor qué se entiende actualmente por una experiencia del empleado positiva en el trabajo, qué tipo de prácticas de liderazgo y de organización pueden contribuir a mejorarla, y qué impacto puede tener todo ello en los resultados.

Como punto de partida, los autores conceptualizaron la *experiencia del empleado* como una experiencia positiva y poderosa, y en última instancia humana, en la que los empleados se sienten capaces y predispuestos para dar el máximo de sí mismos en el trabajo. Además, identificaron cinco elementos clave que, según las ciencias del comportamiento, contribuyen a generar experiencias más positivas y humanas en el trabajo:

- Pertenencia: sentirse parte de un equipo, grupo u organización.
- Propósito: comprender por qué es importante el trabajo de uno.
- Logro: una sensación de logro en el trabajo que se realiza.
- Felicidad: la sensación placentera que surge del y alrededor del propio trabajo.
- Vigor: la presencia de energía, entusiasmo y emoción en el trabajo.

Tras analizar la situación de estos componentes en la muestra de estudio para detectar áreas de mejora, identificaron las prácticas que conducen a una experiencia más positiva del empleado:

- Comunicar claramente la dirección futura de la organización y por qué los empleados son importantes para hacerla avanzar con éxito hacia esa dirección.
- Crear un entorno de trabajo positivo, de apoyo personalizado a los empleados y de compromiso de los líderes con sus equipos.
- Impulsar la confianza en la organización y en su responsabilidad de actuar con integridad con todos sus *stakeholders*, incluidos los propios empleados.
- Tejer relaciones de apoyo entre los compañeros de trabajo.
- Desempeñar un trabajo significativo, que permita a los empleados utilizar sus habilidades y talentos y que esté alineado con unos valores fundamentales compartidos.
- Favorecer *feedback* y el reconocimiento del desempeño, así como oportunidades de desarrollo y crecimiento profesional.
- Fomentar el empoderamiento y las oportunidades de participar en las decisiones.
- Potenciar la flexibilidad para administrar su trabajo y otros aspectos de su vida.

En definitiva, la mejora de la experiencia del empleado se asocia con un mejor desempeño, un mayor esfuerzo discrecional y una mayor retención de los empleados, además de existir otra correlación positiva: las organizaciones que obtienen puntuaciones elevadas en experiencia del empleado reportan más del doble en resultados.

Culturas de alto desarrollo

Invertir en el desarrollo de las personas genera un círculo virtuoso que se retroalimenta, porque el talento atrae al talento. De ahí que las empresas más implicadas en la lucha por captar al mejor talento del mercado traten de implantar en sus organizaciones una «cultura de alto desarrollo», entendida como ese tipo de cultura corporativa —el *cómo* y el *por qué* se hacen las cosas— que impulsa a una organización a conseguir un rendimiento superior a la media, tanto en lo que se refiere a los resultados financieros como a los no financieros (satisfacción del cliente, retención de empleados, etc.).

La pregunta, claro, es: ¿cómo se construye una cultura de alto desarrollo? Porque, vaya por delante, no basta con añadir unos pocos programas de aprendizaje y de desarrollo a la lista de opciones de formación para los empleados. Veamos algunas de las estrategias que distinguen a los lugares de empleo de alto desarrollo.

- **Protegen su inversión en el desarrollo de los empleados centrándose en mejorar la experiencia del empleado.** Muchos directivos se muestran reacios a invertir en el desarrollo de los empleados porque temen que estos acaben abandonando de todos modos la empresa y que la inversión caiga en saco roto. Esto puede suceder, pero la mejor manera de evitarlo es asegurar el compromiso psicológico de los empleados a través de una estrategia de *engagement* que les vincule emocionalmente al proyecto satisfaciendo sus necesidades básicas con expectativas claras, con un reconocimiento sincero, con la disponibilidad de los materiales y el equipo necesarios para poder realizar su trabajo. Las personas no se quedarán en una empresa ni darán la mejor versión de sí mismas, incluso si se les brindan muchas oportunidades de desarrollo y aprendizaje, a menos que estén realmente involucradas en su trabajo y comprometidas con la organización.

- **Evitan el malentendido más común acerca del desarrollo: confundir desarrollo con promoción.** Tradicionalmente las empresas han asociado el crecimiento y el desarrollo profesional con la promoción. Si bien el desarrollo efectivo puede implicar un ascenso, no necesariamente tiene que ser así. A menudo, los empleados que son realmente buenos en lo que están haciendo no necesariamente desean ser ascendidos, aunque sí quieren seguir creciendo y progresando. El desarrollo debe entenderse principalmente como un proceso de comprensión de los talentos únicos de cada persona (patrones de pensamiento naturalmente recurrentes, sentimientos o comportamientos que se pueden aplicar de manera productiva) y encontrar roles, posiciones y proyectos que les permitan combinar sus talentos y habilidades con experiencias para desarrollar fortalezas (la capacidad de proveer un rendimiento casi perfecto en una actividad específica).

- **Los mánagers están totalmente involucrados en el desarrollo de las personas y actúan como *coaches*, no como jefes.** El mánager es el recipiente que hace realidad el cambio de cultura y el compromiso. Están más cerca que recursos humanos o que la cúpula directiva de las realidades diarias de los empleados, por lo que es más probable que entiendan mejor cómo desarrollar a los empleados e involucrarlos. Y dado que es más probable que las personas aprendan y crezcan cuando reciben un *feedback* inmediato y específicamente dirigido a su desarrollo, los supervisores se convierten en las personas perfectas para entrenar y hacer de *coaches* de los empleados y para vincularlos con el aprendizaje práctico y la acción.

- **Su liderazgo, y no solo el departamento de recursos humanos, participa de la cultura del cambio.** El cambio de cultura no se produce a través de reuniones, correos electrónicos, boletines informativos y retiros estratégicos. La comunicación constante ayuda, pero el impulsor fundamental del cambio de cultura es el compromiso del liderazgo con las prácticas laborales de alto rendimiento que está respaldado por sus acciones. Cuando los directores ejecutivos modelan un enfoque basado en el desarrollo y le dedican los recursos necesarios, los supervisores y empleados comenzarán a imitar ese enfoque por sí mismos. Este cambio de comportamiento es fundamental para que el cambio de cultura se mantenga.

Para orientar las políticas de gestión de personas a mejorar la experiencia del empleado, hay que dotar a los sistemas de evaluación y compensación de un enfoque más humano y personalizado, con un mayor peso de los aspectos relacionales y que no reduzca el vínculo entre la empresa y sus empleados a una mera transacción.

La estrategia del palo y la zanahoria no funciona cuando de lo que se trata es de conseguir que los empleados traigan la mejor versión de sí mismos al trabajo. Puede servir para animar ciertos comportamientos y desincentivar otros, pero no para que las personas de la organización pongan todas sus capacidades y su mejor actitud al servicio del proyecto empresarial.

Los empleados demandan mecanismos de evaluación y compensación justos, transparentes y adaptados a sus necesidades. Pero no trabajan solo por un salario, unos beneficios o por alcanzar una determinada posición. En un trabajo buscan oportunidades de aprender y crecer profesionalmente —aunque no impliquen un ascenso—, poder ejercitar sus talentos y habilidades, descubrir otros nuevos de la mano de líderes que se preocupan por sus progresos, sentirse realizados individualmente con el trabajo que desempeñan y conectados con la propia organización y con las personas con las que se relacionan.

De «desarrollar personas» a «liderar como un coach»

La quinta y última tarea esencial del mánager que describe Peter Drucker es la de desarrollar a las personas que trabajan para la organización. A través de la forma en que dirige, decía, les facilita o les dificulta su desarrollo. Dirige a las personas o las desvía.

Con su carácter visionario, ya anticipó la enorme influencia que ejerce el líder, para bien y para mal, en las relaciones que se establecen entre las organizaciones y sus empleados, lo que a su vez condiciona las dinámicas de trabajo, el clima laboral, el progreso en alcance de los objetivos que se persiguen y, en última instancia, los resultados de la organización a todos los niveles. De hecho, la calidad de los directivos y de los líderes de equipo es el factor más importante en el éxito a largo plazo de una organización.

Sin embargo, la capacidad de ejercer un liderazgo efectivo es un talento más bien escaso. Aunque existen varias causas que explican los bajos niveles de motivación y compromiso de los empleados, la mayoría remiten a un problema en la acción —o inacción— del liderazgo, ya que los trabajadores descontentos, los bajos niveles de productividad y la falta de compromiso suelen ser síntomas de una dirección ineficaz y de un liderazgo deficiente.

La dirección de personas en las organizaciones del siglo XXI, claramente, demanda un nuevo modelo de liderazgo capaz de revertir esta situación.

El fin del mánager tradicional

La progresiva flexibilización del entorno de trabajo (horarios más flexibles, ubicaciones alternativas, trabajo remoto, estructuras matriciales), junto con la tendencia a organizar las actividades por proyectos y a la constatación de que los empleados se sienten más atraídos por trabajos significativos que reten y estimulen sus capacidades, más que por el título y el estatus asociado al cargo, junto a la necesidad de una mayor agilidad, han cambiado considerablemente la dinámica de las relaciones entre los superiores y los subordinados.

Todos estos cambios demandan un nuevo estilo de dirección, ya que cambia por completo lo que los empleados necesitan de sus líderes. El mánager tradicional, el que siempre está presente, observando, controlando todo y a todos —en pocas palabras: el que se dedica a la microgestión— ha quedado totalmente obsoleto.

Lo que estos empleados necesitan son líderes que sepan cómo motivarles y darles la confianza necesaria para actuar bajo su propio criterio, que les ayuden a descubrir y desarrollar sus capacidades, que estén disponibles para darles apoyo y guía cuando esto sea necesario. Y con los que puedan mantener conversaciones francas, frecuentes y significativas sobre el avance en sus metas profesionales. Líderes, en suma, que se comporten como lo haría un entrenador o *coach* con los miembros de su equipo.

El líder como *coach*

El estilo de dirección basado en el «ordeno y mando» tenía cierto sentido hace algunas décadas, pero lo que tuvo éxito en el pasado ya no sirve de guía para lo que tendrá éxito en el futuro. Los directivos del siglo XXI ya no tienen, ni pueden tener, todas las respuestas adecuadas. Para lidiar con el cambio disruptivo, las compañías se están reinventando como «organizaciones que aprenden» *(learning organizations)* y esto requiere una nueva aproximación a la dirección en la que los líderes actúan como *coaches* de aquellos a quienes supervisan, más que como *jefes*. Bajo este nuevo enfoque, los directores plantean preguntas, más que dar respuestas; dan apoyo a sus empleados, más que juzgarlos, y facilitan su desarrollo, en lugar de dictarles lo que hay que hacer. La tabla 2.6 ilustra las principales diferencias entre ambos tipos de liderazgo.

Algunos estudios ya han probado la relación entre un *coaching* efectivo de los empleados y una mayor productividad, un nivel de retención del talento

Tabla 2.6. El jefe vs. el *coach*

EL JEFE	EL *COACH*
• Ofrece respuestas • Juzga a los empleados • Dicta lo que hay que hacer	• Plantea preguntas • Apoya a los empleados • Facilita el desarrollo

Fuente: *The leader as coach.* Ibarra y Scoular, 2019.

más elevado y una mejora en la valoración que los subordinados hacen de sus líderes. Veamos algunos de esos beneficios que se derivan del desarrollo de una cultura del *coaching* en la organización.

- **Mejora de la productividad.** El *coaching* tiene un gran impacto en la productividad de los empleados, medida como su predisposición a hacer un esfuerzo adicional. Los líderes con un *coaching* más efectivo tienen hasta tres veces más de personas dispuestas a responder positivamente.

- **Mayor nivel de compromiso de los empleados.** Los niveles de mayor efectividad en el *coaching* de los líderes se corresponden con mayores niveles de compromiso por parte de los empleados. De hecho, y aunque no necesariamente implica causalidad, existe una correlación positiva casi lineal entre la efectividad del *coaching* que ejerce el líder y el compromiso de sus subordinados con la empresa.

- **Mayores niveles de retención del talento.** Los líderes que son buenos *coaches* tienen menos empleados pensando en dejar su trabajo. Más del 60 % de los empleados que reportan a un líder que no es un buen *coach* están pensando en dejar su empleo, frente al 22 % de los que reportan a los mejores *coaches*.

- **Más desarrollo de los empleados.** Los empleados que reciben un buen *coaching* y un *feedback* regular sobre su desempeño perciben que tienen oportunidades reales de desarrollar sus habilidades, lo que impacta positivamente en su desarrollo, mientras que los que tienen peores líderes no tienen esa misma percepción.

- **Mejora de la percepción de efectividad de los empleados.** Los empleados que aseguran recibir el *coaching* que necesitan sienten que sus supervisores están haciendo un buen trabajo, mientras que quienes no lo reciben tienen una percepción mucho más negativa sobre el trabajo de sus líderes.

Además, un buen *coaching* influye de manera directa en la resolución rápida de problemas, el énfasis en la mejora continua, demostrar respeto hacia las personas, una gestión positiva de los asuntos relacionados con el desempeño, la comunicación extensiva, el desarrollo de las personas y la capacidad de inspirar a otros.

El factor humano

Nos preguntamos ahora qué percepción tienen los empleados de sus líderes y supervisores. Rasmus Hougaard, Jacqueline Carter y Vince Brewerton son miembros de un equipo global de investigación llamado Potential Project que durante dos años estudió a un grupo formado por más de 35.000 líderes con el propósito de desentrañar el estado del liderazgo en las organizaciones. En un artículo de 2018, publicado en *Harvard Business Review,* explican que el problema es que cerca del 70 % de los líderes se califican a sí mismos como inspiradores y motivadores, pero este dato contrasta con los que aportan trabajadores entrevistados. Por ejemplo, en una encuesta de la que se hizo eco la revista *Forbes,* más del 65 % de los empleados estadounidenses serían capaces de renunciar a un aumento de sueldo… ¡con tal de ver a su jefe despedido!

La falta de empatía y de comprensión por parte de los líderes de las motivaciones más profundas que mueven a las personas se podría reparar con un enfoque más humano del liderazgo. Los líderes que entienden verdaderamente estas necesidades y son capaces de conectar con ellas a través de la empatía, liderando de una forma que permita satisfacer esas motivaciones intrínsecas, tienen las llaves para conseguir una lealtad sólida, el compromiso y un mayor rendimiento de las personas a quienes dirigen. Un buen líder es antes ser humano que mánager.

Tabla 2.7. La evolución en los roles y prioridades de la dirección general

Siglo xx (Drucker)	vs.	Siglo xxi
Establecer objetivos	→	Modelar una visión de futuro
Organizar actividades y recursos	→	Empoderar equipos
Motivar y comunicar	→	Desarrollar un sentido de propósito
Medir el rendimiento	→	Maximizar el potencial del capital humano
Dirigir personas	→	Liderar como un *coach*

La tabla 2.7 ilustra gráficamente la evolución de las funciones esenciales del mánager descritas por Peter Drucker y cómo se adecuan al siglo xxi los roles y prioridades directivas a los cambios en el escenario competitivo y en las formas de organización y gestión de las empresas que hemos tratado en este capítulo.

En resumen, la tarea directiva de «desarrollar personas» sigue siendo esencial e ineludible, si bien la manera de entender y enfocar ese desarrollo ha cambiado sustancialmente. En este nuevo contexto, en definitiva, el directivo debe comprender que debe aprender a «liderar como un *coach*» para conseguir que el talento disponible rinda al máximo de sus posibilidades y, además, lo haga por su propia voluntad.

El perfil del nuevo CEO está cambiando. Veamos cómo.

3
Hacia un renovado liderazgo: el perfil del nuevo CEO

Hasta ahora hemos visto las grandes transformaciones económicas, tecnológicas y sociales que más han contribuido a alterar las dinámicas competitivas de los mercados. Hemos constatado que estos cambios han tenido, están teniendo, un impacto significativo en las estrategias y en las prácticas organizativas y de gestión de las empresas, que han tenido que evolucionar para adaptarse a las nuevas circunstancias del entorno. Todo ello repercute, lógicamente, en la manera en que los altos directivos definen y abordan los roles y prioridades que consideran esenciales para llevar a cabo sus funciones de forma eficaz y responsable. Y necesariamente requiere adaptar sus estilos y prácticas de dirección a las nuevas exigencias del contexto competitivo y a las demandas, necesidades y motivaciones de los grupos de interés de las organizaciones que lideran. Y eso ya está cambiando.

Analicemos, pues, las características, comportamientos, competencias y habilidades de los mejores líderes y directivos con el fin de arrojar algo de luz sobre el perfil del nuevo CEO que se impone. Para ello nos valdremos de algunos de los estudios más notables y recientes realizados sobre esta materia, y especialmente de los resultados del trabajo de campo llevado a cabo con una muestra de altos directivos, para preguntarles a ellos, *directamente*, si los cambios descritos han modificado *su día a día* al frente de las organizaciones que dirigen. Todo ello para fijar las tendencias que marcan el camino hacia ese renovado liderazgo.

Del proyecto Oxígeno al Genoma CEO

Una investigación interna, Project Oxygen, realizada por la compañía Google, recoge datos desde hace más de una década para lograr definir a los mejores directivos. Así, según Google, los diez rasgos definitorios son:

- Es un buen *coach*.
- Empodera a su equipo y no se dedica a la microgestión.
- Crea un ambiente inclusivo, mostrando preocupación por el éxito y el bienestar general.
- Es productivo y orientado a resultados.
- Es un buen comunicador, sabe escuchar y compartir la información.
- Apoya el desarrollo profesional y discute a menudo sobre el desempeño con sus colaboradores.
- Tiene una visión y una estrategia clara para el equipo.
- Tiene habilidades técnicas clave para poder aconsejar al equipo.
- Colabora a lo largo de toda la organización.
- Es un tomador de decisiones.

Nótese que, a pesar de estar hablando de una de las mayores compañías tecnológicas del mundo, apenas uno de los rasgos se refiere explícitamente a las habilidades técnicas requeridas del directivo. De hecho, prácticamente todo el protagonismo recae en las consideradas *competencias blandas (soft skills)*, es decir, en las capacidades que exhibe el líder a la hora de relacionarse e interactuar con otras personas.

Por su parte Gallup, la firma que más exhaustivamente y durante más tiempo ha investigado las relaciones entre líderes y supervisores, así como su impacto en indicadores clave para la marcha del negocio, ha identificado ocho comportamientos que caracterizan el trabajo de los mejores directivos del mundo:

- Conectar el propósito de la empresa con la acción individual y de equipo.
- Iluminar las opiniones de los demás y hacer que cuenten.
- Entrenar al equipo de una manera que permita la franqueza genuina.
- Comprometerse a una conversación significativa por semana con cada miembro del equipo.
- Desbloquear la motivación humana conectando el trabajo con las tendencias innatas de una persona.
- Reconocer y premiar la excelencia.
- Preocuparse por los empleados como personas reales.
- Hacer del desarrollo de nuevos líderes su mayor prioridad.

También de las investigaciones de Gallup se derivan otros talentos que, según han constatado sus analistas, tienen en común los grandes directivos:

- Motivan a todos los empleados a tomar medidas y comprometer a los empleados con una misión y visión convincentes.
- Tienen la asertividad para impulsar los resultados y la capacidad de superar la adversidad y la resistencia.
- Toman decisiones basadas en la productividad, no en la política.
- Crean una cultura de responsabilidad clara.
- Construyen relaciones que generan confianza, diálogo abierto y total transparencia.

Otras investigaciones se centran específicamente en las habilidades de liderazgo que, según los propios líderes entrevistados, deberían esforzarse en desarrollar y practicar aquellos directivos que aspiren a ejercer posiciones de liderazgo en su compañía, como:

- Modelar una visión que sea excitante y desafiante para el equipo.
- Trasladar esa visión a una estrategia clara.
- Rodearse de un equipo de grandes personas.

- Enfocarse en los resultados.
- Innovar para el futuro.
- Autoliderazgo.

Otra investigación que merece la pena destacar, por su relevancia estadística y resultados, es la que llevó a cabo el equipo del Proyecto Genoma CEO *(CEO Genome Project)* basándose en el análisis de las evaluaciones de 17.000 altos directivos, incluyendo dos mil consejeros delegados. El objetivo era tratar de identificar qué atributos específicos distinguen a los CEO con un mayor rendimiento. Y lo que descubrieron los autores del estudio es que los directores ejecutivos más exitosos tienden a mostrar cuatro comportamientos específicos:

- *Capacidad de decisión.* Tomar decisiones de forma consistente incluso en condiciones de gran ambigüedad, con información incompleta y en ámbitos con los que no siempre están familiarizados. Haciéndolo antes, más deprisa y con mayor convicción que el resto.
- *Compromiso para el impacto.* Desarrollar una comprensión audaz de las necesidades y motivaciones de las partes implicadas, y conseguir que las personas se embarquen y comprometan en el proyecto impulsando el rendimiento y alineándolas con el objetivo de creación de valor.
- *Adaptación proactiva.* Los CEO más adaptables dedican una parte significativamente mayor de su tiempo —hasta un 50 %— a pensar en el largo plazo, y eso permite percibir antes las señales de cambio y hacer movimientos estratégicos para tratar de sacar provecho del mismo.
- *Fiabilidad en la entrega de resultados.* No solo es muy apreciada entre los consejeros y accionistas, que valoran una dirección firme y estable al frente de sus compañías, sino que tiene también un impacto decisivo en la percepción de los empleados, que tienden a confiar más en aquellos líderes predecibles y a recelar de quienes dirigen dando bandazos.

Seamos conscientes de que no existe una combinación perfecta de rasgos y habilidades que pueda funcionar para cada posición de CEO en cualquier compañía o industria, porque es imposible que un mismo enfoque de dirección sirva para cualquier circunstancia. Aun así, podemos concluir que centrarse en los comportamientos y atributos descritos aumenta las probabilidades de que un consejo de administración elija al CEO adecuado y de que esa persona, de ser elegida como CEO, tenga éxito.

Un estudio revelador y las siete preguntas clave

La amplia experiencia adquirida durante mi larga trayectoria profesional como consultor, asesor, miembro del consejo de administración de varias empresas europeas y latinoamericanas, y en puestos de alta dirección, me ha permitido trazar un *mapa de interrogantes* con cuestiones, cuyo abordaje nos permitirá una aproximación al perfil del nuevo CEO.

Se trata de poner el foco de atención en los factores que han motivado y condicionado la evolución de las prácticas y los estilos de liderazgo. Tras una extensa investigación realizada por mi equipo de trabajo, incluyendo encuestas a más de tres centenares de directivos en ejercicio de diversos sectores empresariales, acerca de la percepción de su labor en la alta dirección y cómo hacerlo con éxito en el nuevo paradigma del siglo XXI, proponemos buscar respuestas a estas preguntas:

- ¿Cómo ha cambiado la función del director general?
- ¿Tiene que asumir nuevos roles y funciones?
- ¿Qué caracteriza a los líderes empresariales del siglo XXI?
- ¿Cómo es su estilo de dirección?
- ¿Qué tipo de prácticas adoptan o promueven en sus organizaciones?
- ¿Existen unos rasgos comunes entre ellos?
- ¿Cómo organizan su agenda? ¿Qué priorizan?

¿Cómo ha cambiado la función del director general?

El día a día de los altos directivos al frente de la organización en los últimos años ha cambiado. Pero, ¿siguen siendo las mismas funciones que ya definieran Henri Fayol, Peter Drucker o Henry Mintzberg? ¿O del CEO se espera ahora que asuma nuevas responsabilidades? Y, aun siendo en esencia las mismas, ¿se ejercen del mismo modo que antes? ¿O existen nuevos enfoques y condicionantes? Lo cierto es que el alcance de sus responsabilidades y la forma en que debe afrontarlas presentan cambios significativos respecto a lo que podría considerarse la norma hace apenas diez o quince años. Entre los más relevantes, cabe destacar los que se resumen a continuación.

Crecimiento rentable y sostenible

La presión social para evolucionar desde un modelo de «capitalismo de los accionistas» hacia un modelo de «capitalismo de los grupos de interés» tiene implicaciones importantes y muy directas para el primer ejecutivo de una compañía. La primera y más inmediata es que su máxima responsabilidad ya no es maximizar el valor de la retribución al accionista, como lo fue antaño, sino la creación de valor sostenible y a largo plazo para todos los *stakeholders* o grupos de interés.

Por otra parte, el concepto de «beneficio» ya no se limita al sentido económico del término; de ahí que en los últimos años se haya popularizado el concepto de *triple bottom line*, informes de triple balance que incluyan también otras dimensiones como la aportación de valor a la sociedad o el respeto por el medio ambiente.

La responsabilidad social como vector estratégico

Del punto anterior se deriva otro cambio muy significativo que afecta directamente a la labor del CEO: la importancia estratégica que han adquirido los criterios ambientales, sociales y de gobierno corporativo o ESG. La sostenibilidad no solo se ha convertido en el pilar de la estrategia institucional de las empresas, sino también en un aspecto crítico del negocio de cualquier compañía. Hay preocupación por el impacto ambiental de la actividad de las organizaciones; ya sea por convicción propia o por la presión social y legal que ejercen la ciudadanía y las administraciones —contaminar hace tiempo que dejó de salir gratis—, en sus estrategias incluyen ahora medidas para la lucha contra el cambio climático, la reducción de las emisiones contaminantes, la disminución del uso del plástico en el *packaging* de los productos y su sustitución por materiales más sostenibles y reciclables, o la provisión de materias e insumos de fuentes y proveedores más exigentes y comprometidos con el equilibrio del planeta. Así, cada vez son más las compañías que fijan objetivos e incentivos para sus directivos y empleados relacionados con el cumplimiento de criterios ESG.

Además, los estándares de responsabilidad se extienden a otros ámbitos más allá de las cuestiones relacionadas con el medio ambiente, como el buen gobierno corporativo y la aportación de valor a la sociedad. De hecho, las compañías más avanzadas en este ámbito ya empiezan a reemplazar sus políticas y prácticas de *responsabilidad social corporativa* (RSC) por el desarrollo de estrategias de *creación de valor compartido*, es decir, por políticas y prácticas operativas que mejoran la competitividad de la compañía mientras, simultáneamente, se avanza en las condiciones económicas y sociales de las comunidades en las que opera, como habíamos apuntado ya en el capítulo 2 (tabla 2.2).

Mayor velocidad y complejidad

La velocidad, en efecto, se ha convertido en un elemento crítico para la competitividad de las empresas, que tratan de responder acelerando el metabolismo de la organización. Ya lo era antes, pero se ha hecho todavía más evidente con el estallido de la pandemia mundial originada por covid-19, que ha situado a las empresas ante la necesidad de repensar las formas de trabajar, de reimaginar las estructuras y de reconfigurar el talento. La complejidad, por su parte, implica una mayor dificultad para analizar las múltiples derivadas e implicaciones de cualquier movimiento corporativo, como ya hemos visto en el capítulo anterior. Ambos factores, velocidad y complejidad, son propios de los entornos caracterizados por la volatilidad, la incertidumbre, la complejidad y la ambigüedad (VUCA por sus siglas en inglés: *volatility, uncertainty, complexity, ambiguity*). Y tienen un impacto directo en la forma en que el CEO o director general desempeña sus funciones. Entre otras cosas, porque obliga a los máximos directivos de las organizaciones a mantenerse muy enfocados en aquello que realmente es importante y consustancial a su responsabilidad, y a aprender a confiar en quienes les rodean para que sean ellos quienes atiendan el resto de asuntos que reclaman atención.

Más delegación en el equipo de colaboradores

Hubo un tiempo en que el máximo responsable de dirigir una empresa era quien más sabía y quien tenía una respuesta para todo. Pero ese tiempo ya quedó atrás hace varias décadas. Hoy en día, en un mundo hiperconectado, en permanente cambio y en plena revolución tecnológica eso resulta, sencillamente, imposible. El CEO que pretenda saberlo y controlarlo todo, y que dirija su compañía basándose en esa convicción, estará condenado irremediablemente al fracaso. De ahí que cada vez más se imponga un tipo de liderazgo más colaborativo y una mayor descentralización de las decisiones. Con todo, y aunque la tendencia a delegar más en los equipos es clara, lo cierto es que no todos los altos directivos están igual de dispuestos a ceder el poder, ni todos los subordinados igual de preparados para asumirlo. Muchas veces esa mayor autonomía y capacidad de decisión que se deriva de una mayor delegación no se produce a todos los niveles de la organización; tiende a limitarse a los altos cargos ejecutivos y, en el mejor de los casos, a los mandos intermedios. Pero difícilmente se extiende a los empleados de base, aunque a menudo son ellos los que tienen un contacto más inmediato y directo con lo que sucede en el día a día de la organización.

Más foco en la gestión estratégica y menor dedicación a la gestión operativa

Ahora se dedica más tiempo a la gestión estratégica y menos a la gestión operativa del negocio. Esto ocurre básicamente por dos razones: la primera, ya comentada, es la mayor delegación en sus colaboradores, que les permite liberarse de una parte de las tareas que hasta ahora asumían personalmente; la segunda, tiene que ver con la creciente digitalización y automatización de procesos, que supone un ahorro importante de tiempo o incluso la eliminación de procedimientos farragosos o de escaso valor añadido. Eso permite al CEO centrarse en los asuntos que considera más estratégicos y relevantes. Y, particularmente, a aumentar su dedicación a las personas y al equipo, pues ya se considera una prioridad. Se prevé que esta tendencia se mantendrá e incluso irá a más en el futuro, ya que el aprendizaje de las máquinas *(machine learning)*, la inteligencia de datos *(data intelligence)* y la robotización tenderán a simplificar y a reducir el tiempo que los directivos dedican a la gestión operativa y a la monitorización del negocio. En resumen, y si recordamos la distinción entre *gestión* y *liderazgo* de John P. Kotter (véase capítulo 1, apartado «El cambio de paradigma»), podríamos afirmar que los altos directivos claramente se dedican ahora menos a la *gestión* y más al *liderazgo*, es decir: menos a planificar y elaborar presupuestos, y más a fijar una orientación; menos a organizar y dotar de personal, y más a alinear personas; menos a controlar actividades y resolver problemas, y más a motivar e inspirar.

Dirección más orientada al exterior y enfoque de gestión más amplio

Otro cambio significativo y que se observa más recientemente se refiere al hecho de que la actividad del CEO o director general está mucho más influenciada por el entorno externo. No solo porque sus decisiones están expuestas a un mayor escrutinio público, que también, sino porque deben tomarlas considerando detenidamente los efectos que tendrán sobre los distintos grupos de interés de la empresa. Hay una necesidad de estar más pendientes ahora que en el pasado de lo que ocurre más allá de su propia organización. Más allá, incluso, de su propia industria o sector. Necesitan conocer ecosistemas más amplios. Todo ello obliga a los altos directivos a adoptar un enfoque de gestión más amplio y a contemplar los riesgos y oportunidades que puedan derivarse de su interacción con terceras partes desde una perspectiva integral de la organización, más allá de silos industriales y de sus áreas de negocio tradicionales.

¿Hay que asumir nuevos roles y funciones?

En la mayoría de los casos los directivos han cambiado significativamente la *forma* en que ejercen esos roles en los últimos años, aunque el *fondo* se mantenga. Y, sí, hay que asumir nuevos roles: muchos han tenido que añadir a su lista de responsabilidades, si no todos, al menos alguno de los nuevos roles y funciones que describimos a continuación.

El líder como *coach*

Dirigir personas ha sido y es una de las principales responsabilidades, sino la mayor, del primer ejecutivo de una compañía. Sin embargo, también hemos visto en las últimas décadas cómo muchas empresas y directivos delegaban esta responsabilidad en los departamentos de recursos humanos o incluso las subcontrataban a firmas especializadas en la selección de personas. Y eso cuando no optaban por la contratación a golpe de talonario o el fichaje estrella de un CEO de prestigio. Los departamentos de personas y las firmas de selección pueden tener un papel muy importante y aportar un valor añadido en la detección, selección, contratación y retención del talento, pero en ningún caso deberían suponer una dejación de funciones por parte del director general de una compañía.

Pero las cosas están cambiando. La creación de equipos y el desarrollo del talento se sitúan como la prioridad número uno, y se dedica mucho más tiempo a las personas que antes. Por ejemplo, pasar tiempo de calidad con el equipo, mantener una comunicación constante y fluida con todos sus colaboradores, e implicarse directa y personalmente en el desarrollo de las personas *(people development)*, apoyándolas y guiándolas para que asuman nuevos retos y descubran o potencien sus capacidades. Además, poco a poco se impone un estilo de dirección más colaborativo y menos autoritario en la mayoría de organizaciones, un tipo de liderazgo en el que se tiende a confiar más que a controlar, en el que se sugiere más que se impone, en el que se inspira y motiva más que se ordena. Tal como apuntábamos al referirnos a los cambios en las prácticas y estilos de dirección, en efecto, el rol del directivo se está transformando en el de un *coach* o entrenador que plantea preguntas, más que dar respuestas; que apoya a los empleados, en lugar de juzgarlos; que facilita el desarrollo, en lugar de limitarse a dictar lo que hay que hacer.

Modelar una visión de futuro y vincularla a un propósito

La idea de trabajar en la concepción y desarrollo de un propósito corporativo está calando en el seno de las organizaciones y en la mentalidad de sus primeros ejecutivos. El problema es que no en todos los casos esa idea de propósito se comprende y articula correctamente. En cualquier caso, se trata de un nuevo rol que debe adoptar el CEO o director general, de una nueva función que antes no ejercía, y que está adquiriendo una importancia creciente. Especialmente, en aquellas organizaciones decididas a apostar por la creación de valor sostenible y a largo plazo para todos los agentes con los que interactúa. En otras palabras, dispuestas a abrazar ese nuevo «capitalismo de los grupos de interés» del que hemos hablado en páginas anteriores.

Gestionar el cambio cultural

La cultura corporativa de una organización debe evolucionar para adaptarse a los cambios en el entorno y para acomodarse a las demandas de las nuevas generaciones de consumidores y empleados. En algunos casos, eso supone la reformulación de la misión de la compañía, el desarrollo de una visión a más largo plazo de sus aspiraciones o la incorporación de un propósito, como ya hemos visto. Y, en prácticamente todos, la incorporación de nuevos valores como el respeto a las personas y la protección del medio ambiente, la responsabilidad social, la diversidad, la inclusión o el foco en el consumidor. La responsabilidad de incorporar estos valores y de construir una cultura corporativa ágil, digital y flexible, que consiga atraer y retener al mejor talento, recae por supuesto en el CEO o director general. No solo debe asimilar y gestionar el cambio cultural y de mentalidad que todas estas transformaciones implican, predicando con el ejemplo, sino que debe poner los recursos e impulsar las iniciativas internas que lo hagan posible y palpable a todos los niveles de la organización. A menudo, luchando contra la natural resistencia que suelen mostrar las personas hacia los cambios, que siempre generan dudas y temores, y haciendo gala de una gran capacidad pedagógica y negociadora.

Creación de relaciones de confianza con los *stakeholders*

Se pone de manifiesto la necesidad de intensificar los esfuerzos dedicados a mantener una comunicación intensa y fluida con todos los grupos de interés de la empresa, tanto a nivel interno como externo. A nivel interno, la mayor delegación de funciones en personas y grupos que trabajan con mayor autonomía exige de los CEO que dediquen una parte significativa de su tiempo a comunicarse continuamente con sus equipos, para asegurarse de que todo fluye y de que los objetivos e incentivos de todos estén correctamente alineados. Su rol de *enlace* entre individuos y grupos de trabajo, y su rol de *difusor* de la información relevante que recaba en sus distintas interacciones han ganado en importancia. A nivel externo, y dada la voluntad de las empresas de demostrar su compromiso con la creación de valor sostenible para todas las partes implicadas, los CEO han tenido también que intensificar su papel como representantes y embajadores de la empresa ante distintas audiencias. Antes ya ejercía un papel de *portavoz* y de r*epresentante o cabeza visible* de la compañía ante los medios o la opinión pública, pero ahora ese rol se juega con mucha mayor frecuencia e intensidad. Y no solo ante los grupos de interés tradicionales —consejo de administración, accionariado, bancos, clientes y proveedores estratégicos—, sino también ante otros colectivos a los que antes, por lo general, se prestaba una atención residual: desde asociaciones de usuarios y consumidores hasta emprendedores y *startups*, pasando por asociaciones empresariales o sectoriales, medios de comunicación y foros de debate públicos, oenegés y entidades del tercer sector, representantes de las distintas administraciones, universidades y centros de transferencia tecnológica, entre otros.

¿Qué caracteriza a los líderes empresariales del siglo xxi?

Con el fin de determinar qué habilidades y competencias profesionales tienen en común los directivos llamados a liderar las organizaciones del siglo xxi, podemos agrupar algunos atributos y características compartidos.

Grandes gestores de personas

No solo saben rodearse del mejor talento, sino que están dispuestos a ceder una parte de su cuota de poder para dejar que brille y se reafirme. No temen perder la autoridad con ello, porque su capacidad de liderazgo no reside en su estatus jerárquico sino en su demostrada capacidad para inspirar, retar, motivar y apoyar a sus colaboradores para que pongan todas sus capacidades al servicio de un objetivo común. Además, saben crear un entorno de seguridad y confianza que anima a las personas a experimentar y fallar. Y aunque mantienen un alto grado de exigencia con sus colaboradores, muestran una mayor tolerancia al error porque saben que los errores forman parte del proceso de aprendizaje.

Visión estratégica a largo plazo, ejecución a corto plazo

Uno de los mayores retos que enfrenta a día de hoy el CEO de una organización es el de tener que trabajar y tomar decisiones contemplando simultáneamente distintos horizontes temporales, enfoques, intereses y objetivos. Una competencia crítica y esencial que implica demostrar una gran capacidad ejecutiva y orientación a resultados en el corto plazo y, simultáneamente, ser capaz de modelar una visión a largo plazo que sea excitante y desafiante para el equipo y de trasladarla a una estrategia clara sobre qué acciones tomar y qué no hacer. Lograr un adecuado balance entre el corto y el largo plazo no es fácil, pero esta competencia es uno de los requisitos indispensables para poder dirigir con eficacia en el entorno actual. Y, de hecho, existen evidencias que vinculann, tanto la capacidad de decisión y la fiabilidad en la entrega de resultados a corto plazo, como la habilidad para involucrar y comprometer a los *stakeholders* de la compañía a largo plazo, con un rendimiento superior de los CEO.

Compromiso con el propósito de la organización

Una idea que, en general, empieza a extenderse es esa concepción de la empresa como una organización al servicio de un rango amplio de grupos de interés, y no solo de su accionariado. La habilidad para involucrar y comprometer a los distintos *stakeholders* en una determinada acción, de conectar el propósito con la acción individual y de equipo, es otro de los rasgos que identifican a los CEO más competentes. Y también que las organizaciones conducidas y orientadas claramente al logro de un propósito compartido tienden a mostrar un desempeño superior a la media en aspectos clave para el negocio como la innovación, el nivel de motivación y compromiso de los empleados, la satisfacción de sus clientes o su propia rentabilidad.

¿Cómo es su estilo de dirección?

Veamos ahora no tanto lo que hacen, sino *cómo* lo hacen. En otras palabras, veamos cómo sus rasgos, características y preferencias personales influyen en su estilo personal a la hora de dirigir y en su forma de ejercer el poder. Pensemos que, en algunas organizaciones, ¡el organigrama clásico incluso ha saltado por los aires! Y podemos decir que ha llegado el fin de los estilos de dirección basados en la autoridad jerárquica y en la toma de decisiones unilaterales por parte de los que están en la parte alta del organigrama. Bien al contrario, el tipo de liderazgo que se impone en la mayoría de las organizaciones se rige por, al menos, estas tres tendencias.

Estilo de dirección colaborativo

El estilo de dirección que distingue a los mejores CEO apunta al fomento de la iniciativa personal y del emprendimiento colectivo mediante la descentralización de las decisiones y el empoderamiento de los subordinados como una de las claves de su éxito. En otras palabras, las prácticas directivas han evolucionado hacia un modelo mucho más colaborativo y de mayor delegación y autonomía para sus subordinados. Los mejores líderes no pretenden saberlo ni controlarlo todo, de ahí que se impongan cada vez más los liderazgos compartidos y un estilo de dirección más colegiado.

Liderazgo integrador

Es un tipo de liderazgo que integra diversidades, en el que todas las idiosincrasias individuales son bienvenidas. Los mejores directivos ven la diferencia y la diversidad como una ventaja, no como una limitación, porque saben que para enfrentarse a escenarios complejos y diversos necesitan enriquecer sus perspectivas y capacidades con las aportaciones de los demás. Enriquecen su visión favoreciendo y aplaudiendo la aportación de distintos puntos de vista por parte de sus colaboradores, saben escuchar, no fomentan el seguidismo y no contratan a su imagen y semejanza. De hecho, suelen destacar por su capacidad de construir y gestionar equipos transversales, multidisciplinarios y autónomos.

Paradigma de liderazgo antropológico

La organización y sus máximos responsables tienen como finalidad no solo conseguir la máxima eficacia (entendida como la consecución de los objetivos establecidos con los mayores resultados o con los menores recursos posibles) y la atractividad (ofrecer unas posibilidades de aprendizaje que atraigan a las mejores personas), sino también la unidad y la identificación de sus colaboradores con la empresa y con su misión. Este modelo se corresponde con el paradigma de liderazgo antropológico, descrito por Juan Manuel Pérez López que hemos tratado en el capítulo 1, en el que el directivo ejerce como estratega, ejecutivo y líder (véase la figura 1.3). Entonces toman mayor importancia las motivaciones que no tienen un resultado directo sobre el individuo que realiza la acción, pero cuyo efecto sobre terceras personas satisface sus deseos altruistas y da sentido al trabajo realizado. Por ejemplo, lograr la máxima satisfacción de un cliente, enseñar a un compañero a mejorar sus competencias en determinado ámbito, o trabajar en una empresa que trabaja activamente para lograr la neutralidad en sus emisiones de carbono. Lo que se asocia con unos mayores niveles de satisfacción y compromiso por parte de los empleados.

¿Qué tipo de prácticas se adoptan o promueven en las organizaciones?

Además de conocer las características que definen a los mejores directivos en el contexto actual y el tipo de liderazgo que ejercen, es importante también identificar qué prácticas adoptan o promueven en sus organizaciones: por qué tipo de estructuras organizativas se decantan, qué criterios priorizan al diseñar procesos y sistemas, qué políticas y métodos de trabajo tratan de implementar… Veamos cómo se está apostando por implementar prácticas de éxito.

Cultura *agile*

La organización ágil se está convirtiendo en el nuevo paradigma organizacional dominante, y cada vez son más las empresas que están llevando a cabo transformaciones en esa línea. Se trata de construir una cultura organizativa ágil y dinámica capaz de articular una respuesta rápida a los distintos cambios de escenario que se puedan producir; flexibilizar estructuras y procesos, y delegar y acelerar la toma de decisiones. Sin embargo, instaurar una cultura verdaderamente *Agile* significa mucho más que delegar funciones y responsabilidades en grupos de trabajos especializados o por proyectos. Implica cambios profundos a nivel de estrategia, estructura, procesos, personas y tecnología que la gran mayoría de empresas todavía no ha adoptado, por lo que se encuentran en una fase muy incipiente de esa transformación.

Responsabilidad, transparencia y rendición de cuentas *(accountability)*

Los mejores líderes empresariales crean una cultura de la responsabilidad clara, que fomenta la iniciativa personal, la motivación y el compromiso de las personas, pero también la transparencia y la meritocracia. Toman decisiones basadas en la productividad; fijan unos objetivos claros y bien definidos para cada persona y equipo y los evalúan en base a unos criterios objetivos y conocidos por todos. Y, aunque son exigentes con los resultados, muestran una mayor tolerancia al error y no olvidan reconocer los méritos y premiar la excelencia.

Comunicación transversal

Se debe fomentar la comunicación y el intercambio de información a todos los niveles. Transversalidad y mayor colaboración entre departamentos, romper silos (grupos de trabajo por proyectos, estructuras matriciales, equipos multidisciplinarios y autónomos). Menos jerarquía y más autonomía.

Visión *customer-centric*

Una empresa se debe siempre a sus clientes, por lo que hay que dedicar también mucho de su tiempo a entender mejor sus necesidades para poder satisfacerlas e incluso tratar de anticiparse a ellas. Construir una visión *customer centric* y lograr situar al cliente en el centro de todas las decisiones es otra de las grandes prioridades.

Aprendizaje organizativo

Reforzar las capacidades de los empleados de modo continuado y sostenido (aprender todos de todos). Sin embargo, estudios recientes apuntan que, a la hora de la verdad, la mayoría de empresas siguen priorizando la inversión en tecnología en detrimento de la que realizan en la formación y capacitación de sus empleados. Las organizaciones de aprendizaje de alto rendimiento tienen más probabilidades de innovar y están más preparadas para satisfacer la demanda futura, con empleados más productivos.

Compromiso y experiencia del personal

En la nueva lucha por atraer, captar y retener al mejor talento disponible en el mercado, las organizaciones que creen sinceramente que la calidad y disposición de su capital humano será lo que marcará la diferencia están apostando decididamente por optimizar la «experiencia del empleado» *(employee experience)* para aumentar su nivel de motivación y compromiso *(engagement)*. Porque, tal y como ya han evidenciado numerosos estudios en los últimos años, los empleados que encuentran motivación, satisfacción y significado en su trabajo son más felices y productivos, lo que redunda también en beneficios para las organizaciones donde trabajan: mayor productividad, mayor satisfacción laboral, más ventas y mayores ingresos.

¿Existen unos rasgos comunes entre ellos?

Más allá de las competencias técnicas y profesionales que necesitan los CEO actuales para liderar sus organizaciones de forma efectiva, existen ciertos rasgos personales, de carácter, actitudes, competencias personales o habilidades interpersonales que les predispongan a ello.

Apertura al cambio y comportamiento innovador

Liderar organizaciones en el siglo XXI implica navegar por un entorno volátil, dinámico y complejo y ser capaz de adaptarse con rapidez a circunstancias cambiantes. Y eso requiere de los CEO una mentalidad abierta y predispuesta a la innovación. Deben ser capaces no solo de integrar nuevas ideas, enfoques, métodos y puntos de vista, sino de calcular riesgos y lanzar nuevas iniciativas cuando surjan oportunidades y de trasladar esa misma actitud al resto de la organización.

Curiosidad y capacidad de aprendizaje

Los mejores CEO no solo se caracterizan por ser permeables a lo nuevo, sino a que a menudo destacan también por su curiosidad y capacidad de aprendizaje: lo que no saben lo aprenden. Son capaces de actualizar constantemente sus conocimientos y saben tomarle el pulso a las innovaciones, desarrollos, tendencias y corrientes que se imponen en los mercados. No solo son grandes conocedores de su sector, sino que saben tomarle el pulso a una sociedad en constante evolución y de anticipar cómo esa evolución puede afectar a su negocio. El CEO del futuro pasa por ser un *expert learner* o experto en aprender, porque cuando la disrupción es la norma… la competencia de «aprender a aprender» se hace imprescindible.

Habilidades comunicativas y relacionales

Los mejores CEO suelen ser siempre grandes comunicadores. No solo saben escuchar y compartir la información, sino que están abiertos a las ideas que puedan aportar los equipos, admiten y aceptan errores y se comunican constantemente con los miembros de sus equipos. Explican el porqué de las cosas —por ejemplo, explican a las personas y a los equipos por qué son importantes— y no olvidan reconocer y premiar la excelencia. Además, saben construir un relato convincente y atractivo en torno al propósito y a la aportación de valor de la compañía que seduce y alinea los intereses de las distintas partes implicadas, y utilizan también sus habilidades sociales para tejer una red de contactos y relaciones que enriquezca el «capital social» de la organización y la predisponga a acuerdos beneficiosos con otros *partners*.

Cercanía y empatía

Otro rasgo que comparten los CEO mejor valorados es que se preocupan sinceramente por la persona que hay detrás del empleado y saben construir relaciones que generan confianza, transparencia y diálogo abierto. Esa cercanía y empatía les hace especialmente buenos descubriendo qué motiva a las personas más allá del dinero, habilidad que aprovechan para tratar de conectar el trabajo con las tendencias innatas de cada persona y desarrollar así todo su potencial.

Cultura y valores personales alineados con los de la compañía

Los CEO más admirados y reconocidos a menudo se convierten en los mejores embajadores de la compañía que representan y en los mayores *fans* de la marca, ya que su sintonía con el proyecto empresarial y con los valores corporativos es genuina. Identificarse y sentir como propios los valores que abandera la organización y participar del modelo de cultura corporativa que se pretende instaurar es imprescindible para poder liderar con el ejemplo, de forma auténtica, y para poder actuar como correa de transmisión de una filosofía, unos códigos de conducta o unos valores compartidos. No es algo que se pueda impostar (no por mucho tiempo), ni que se pueda imponer en el resto de la organización si el propio líder no cree en ello. Por eso, cada vez más, las empresas buscan contratar o promocionar para el puesto de CEO a candidatos que puedan representar fielmente el ADN y los valores de la marca.

¿Cómo organizan la agenda? ¿Qué priorizan?

La gestión del tiempo no solo afecta a la productividad y eficiencia del propio directivo, sino que tiene un valor simbólico en tanto que señala prioridades al resto de la organización y determina, en buena medida, lo que finalmente se lleva a cabo. Veamos, pues, cómo organizan su agenda los CEO, a qué o a quién dedican su tiempo, y cuáles son sus prioridades.

Prioridades directivas

Se sitúa en primer término la gestión de equipos y desarrollo del talento, seguida por las cuestiones relacionadas con la planificación y estrategia, los clientes, la comunicación, y la relación con los *stakeholders*. En los últimos años parece que se dedica una parte más importante del tiempo a aspectos relacionados con la comunicación (tanto interna como externa), la digitalización, la RSC, la sostenibilidad y la relación con los *stakeholders* de la compañía. Tareas y prioridades que en el pasado no habían tenido un lugar tan destacado en el día a día de la actividad directiva, ahora exigen una mayor dedicación por parte del CEO.

Control de la agenda

La gestión del tiempo del nuevo CEO se puede resumir en las siguientes prioridades: asegurar la competitividad presente y futura de la organización; seguir avanzando en la transformación digital; mejorar la sostenibilidad; desarrollar el talento y el liderazgo en la organización; entender mejor al cliente, y gestionar el cambio cultural que todas estas transformaciones implican. En realidad, es un equilibrio entre lo que les preocupa (los retos que afrontan) y lo que les ocupa en su día a día (las prioridades en su agenda). Sin embargo, en muchas ocasiones, las actividades no planificadas, no prioritarias o de escaso valor añadido —solucionar imprevistos o incidencias en el desarrollo de proyectos, atender compromisos innecesarios, llevar a cabo tareas rutinarias…— también consumen una parte sustancial del tiempo, restándoselo a otros asuntos que sí son realmente prioritarios.

Interacciones personales

Mantienen un contacto directo y continuo con sus colaboradores más estrechos y con los aspectos más críticos y estratégicos del negocio: clientes y proveedores estratégicos, innovación, desarrollo del talento, producción… Les gusta pisar el terreno y practican el *managing by wandering around,* aunque adaptado al mundo de las nuevas tecnologías de la información y la comunicación. Aunque la mayoría prefiere el cara a cara, no desaprovechan el potencial de las nuevas herramientas de comunicación para estar permanentemente conectados con sus equipos a través de reuniones por videoconferencia, grupos de WhatsApp por proyectos, aplicaciones en la nube o herramientas de trabajo colaborativo.

Están siempre pendientes de seguir reforzando las capacidades de la organización y, muy particularmente, las de su activo más valioso: las personas. Tratan de conseguir la necesaria agilidad estratégica a través del capital humano, tanto individual como colectivamente, mediante la atracción, captación y retención de talento.

En el siguiente y último capítulo expondremos las líneas de actuación que marcan la diferencia de un liderazgo de éxito, aquel que sabe adaptarse a las nuevas coordenadas de la dirección general en esta era de la hiperconectividad, y ofreceremos una guía práctica y de aplicación inmediata que puede resultar de ayuda para los altos directivos.

4
Los retos de futuro

Hemos iniciado este recorrido partiendo de la hipótesis de que los cambios acontecidos en los últimos años tanto dentro como fuera de la organización, por su calado y trascendencia, están cuestionando los roles y prioridades que tradicionalmente han caracterizado la figura del director general.

En los capítulos anteriores hemos visto que el entorno competitivo se ha transformado radicalmente y que las organizaciones han reaccionado reconfigurando sus operaciones, sus modelos de negocio y sus estrategias competitivas para adaptarse. Pero, ¿hasta qué punto lo han hecho sus máximos directivos?

Según Jim Cliâon, presidente y CEO de Gallup —la firma con más experiencia en el análisis de las relaciones entre directivos y empleados— «el problema es que, si bien la ciencia del *management* ha avanzado significativamente en las últimas tres décadas, la práctica del *management* no lo ha hecho». Una opinión que compartimos plenamente.

Por supuesto, muchos CEO ya han tomado buena nota de los cambios y han adaptado sus estilos de dirección a las nuevas circunstancias. Sin embargo, todavía muchos altos directivos siguen liderando sus organizaciones con estilos y prácticas caducos. No ven más allá de los resultados inmediatos, piensan que la estrategia corporativa no es importante, se limitan a poner en marcha reestructuraciones en tiempos difíciles y todavía creen que el presupuesto es el principal medidor de la marcha de la empresa. No entienden el nuevo mundo y la nueva sociedad en la que vivimos, en la que el propósito de la organización es más importante que el beneficio a corto plazo, en la que hay que buscar el equilibrio para satisfacer a todos los *stakeholders*, en la que el «ordeno y mando» y las estructuras jerárquicas son reemplazadas por estilos de dirección mucho más colaborativos y por organizaciones más planas, democráticas y flexibles.

Como conclusión de todo lo expuesto, en este capítulo desglosamos en *siete metas,* o desafíos, las líneas de actuación que aportan una nueva visión, actualizada, sobre las prioridades directivas y los estilos de liderazgo que se imponen en las organizaciones del siglo xxi. Se proponen unas nuevas coordenadas para dirigir con éxito en entornos muy cambiantes, dinámicos y volátiles, con el propósito de ofrecer una visión práctica y sintética de las tareas, roles y responsabilidades ineludibles de la alta dirección en el contexto actual... una guía y referencia para los máximos responsables de la gestión empresarial.

El propósito, nuevo mantra directivo

Hasta hace relativamente poco, era un hecho común y ampliamente aceptado que la primera responsabilidad de una compañía era generar un valor económico para remunerar a su accionariado. A eso se debían los negocios y sus máximos ejecutivos, casi de forma exclusiva. Por supuesto, siempre han existido empresas que han tratado de generar un beneficio para un rango más amplio de grupos de interés, pero esto solía percibirse como una forma de desmarcarse del resto, no como un requisito indispensable para el éxito.

Ahora las cosas han cambiado. A las empresas se les exige que actúen pensando en el impacto que tienen sus decisiones sobre todas las partes que se ven afectadas de un modo u otro por su actividad. Y esa demanda de responsabilidad no solo incluye a su accionariado, plantilla, clientes o proveedores, sino que se hace extensible a los territorios en los que operan, a las comunidades con las que se relacionan, a los recursos que consumen y, en definitiva, al conjunto de la sociedad.

Empresas socialmente responsables

La responsabilidad social corporativa, la RSC, ya no es una opción, sino una condición necesaria para la competitividad y supervivencia de los negocios. Ha dejado de ser un mero *embellecedor* de la actividad que llevan a cabo las empresas, aquello que hasta hace poco distinguía a las empresas excelentes del resto, para pasar a convertirse en el eje central de la estrategia institucional: los negocios tienen que ser sostenibles para su supervivencia.

Este cambio en la relación entre las empresas y la sociedad, como hemos visto, ha reavivado el debate sobre la necesaria refundación del capitalismo y sobre la conveniencia de migrar desde un modelo de «capitalismo de los accionistas» o *shareholders,* que prima la obtención de beneficios y la rentabilidad para los accionistas —el que emerge a mediados del siglo xx y ha predominado hasta ahora—, hacia un nuevo modelo de «capitalismo de los grupos de interés» o *stakeholders,* en el que las empresas, sin renunciar a sus propios y legítimos intereses, contribuyen a abordar los problemas que enfrentan los individuos y la sociedad de una forma que sea beneficiosa para todas las partes.

¿Un nuevo estándar de inversión?

La polémica, aunque no es nueva, está hoy más vigente que nunca. Y la balanza parece inclinarse claramente ahora hacia un modelo de actividad económica que logre conjugar los intereses empresariales con los del conjunto de la sociedad. Prueba de ello son las declaraciones realizadas por foros, instituciones y compañías tan influyentes como el Foro Económico de Davos (en cuyo manifiesto 2020 se expone que «el propósito de las empresas es colaborar con todos sus *stakeholders* en la creación de valor compartido y sostenido»), el poderoso *lobby* empresarial Business Roundtable (con sus más de 180 CEO comprometiéndose a entregar valor a todos sus *stakeholders)* o BlackRock, la mayor gestora de fondos del mundo (afirmando que la sostenibilidad será su nuevo estándar de inversión).

De no haber sido porque la pandemia global lo ha eclipsado todo, 2020 bien podría haber sido el año del propósito. Porque más allá de los casos citados, que son muy representativos pero no constituyen todavía una posición mayoritaria, sí es una realidad generalizada que las empresas están cada vez más concienciadas de la necesidad de dotar a la organización de un propósito que conecte su visión (aquello en lo que aspiran a convertirse), su misión (lo que hacen y para quién lo hacen), y sus valores (aquello en lo que creen) con las demandas y necesidades de sus grupos de interés en particular y de la sociedad en general. Pero lo cierto es que no todas las compañías están igual de avanzadas en este ámbito.

Los efectos colaterales

En cualquier caso, lo que sí es un hecho incontestable es que en los últimos diez o quince años ha aumentado de manera notable la sensibilidad social y la presión de ciudadanos y gobiernos sobre los efectos colaterales de la actividad económica de las empresas sobre las comunidades y territorios en los que operan, ya sean aquellos relacionados con la explotación de los recursos naturales y el problema de la contaminación ambiental o los que tienen que ver con problemáticas sociales como la creciente desigualdad en los niveles de renta, la discriminación de las minorías o la falta de una auténtica igualdad de oportunidades por motivos de sexo, raza o religión. Por citar solo algunos ejemplos.

La consecuencia más inmediata de esta presión es la demanda de una mayor transparencia y legitimidad social a las empresas, que han tenido que adaptarse a las nuevas exigencias reforzando las políticas y prácticas en materia de responsabilidad, transparencia y rendición de cuentas *(accountability)* y redefiniendo su propuesta de valor para tratar de conectar con la sociedad y con sus valores, haciendo suyos los desafíos que enfrenta y reinventándose para ser parte de la solución y no del problema.

A la búsqueda del impacto positivo

En muchos casos, esto ha derivado en una reformulación de la visión y la misión de las organizaciones, que ahora reflejan el compromiso con el desarrollo sostenible y la voluntad de contribuir a la sociedad generando un impacto positivo. Y en algunos, aunque no sean la mayoría, los objetivos de sostenibilidad y responsabilidad social corporativa ya se incorporan directamente en el plan estratégico de la compañía e incluso se vincula la retribución de los directivos a la consecución de los mismos. La sostenibilidad está en el centro de la estrategia.

El cambio más relevante es, sin duda, la importancia estratégica que han adquirido los criterios ESG. Criterios que hace unos años —y en el mejor de los casos— eran competencia casi exclusiva de los departamentos de RSC, que se esforzaban por glosarlos con todo detalle en memorias creadas *ad hoc* para mejorar la reputación corporativa de las organizaciones, han saltado ahora al centro mismo de la estrategia competitiva. No son un complemento de la estrategia, sino parte indispensable de la misma.

Pero esta necesidad de dotar a la organización de una mayor responsabilidad social y de un sentido de propósito no es solo el fruto de las presiones externas, sino que responde a una necesidad interna de las propias compañías. Por un lado, necesitan el propósito para orientar estratégicamente su futuro, dado que los planes, programas y presupuestos que antes utilizaban para planificar sus actividades a medio y largo plazo han dejado de funcionar. Y, por otro, lo necesitan también para despertar y potenciar la implicación y el compromiso de sus trabajadores que, como hemos visto, buscan otras motivaciones además de las estrictamente pecuniarias para vincularse efectivamente con el proyecto empresarial.

Más allá de los resultados financieros

La implicación de todos estos cambios para el máximo directivo de una compañía es que «el CEO ya no es solo el responsable de los resultados financieros». Así lo expresaba Mark Weinberger, presidente y director ejecutivo de Ernst & Young, durante su participación en el foro económico de Davos 2019. Y añadía: «Hoy en día, las empresas son responsables ante un número cada vez mayor de grupos de interés, y todos, desde los empleados hasta los miembros del consejo, buscan a los directores ejecutivos para tener una idea más clara, no solo de hacia dónde se dirigen, sino de por qué. Eso significa que debemos comunicar nuestra visión a las partes interesadas y convencerlas de que estamos en el camino correcto. Igual de importante, necesitamos comunicar los valores de nuestras empresas, y tenemos que respaldarlos con acciones medibles y verificables».

En efecto, el CEO debe ser el máximo exponente de esta nueva forma de concebir la esencia misma de la actividad empresarial. No solo debe proporcionar un propósito claro a la organización que sea consistente con su visión, misión y valores, sino que debe predicar con el ejemplo, convirtiéndose en el mejor embajador del modelo de creación de valor que abandera la empresa y asegurándose de definir las iniciativas y de proporcionar los mecanismos para que todos los miembros de la organización actúen en la misma línea.

Cómo y por qué

El crecimiento sostenible y rentable, el propósito, entendido como la creación de valor a largo plazo y para todos los *stakeholders,* es el nuevo mantra directivo. Porque no solo se trata de *qué* se hace, sino de *cómo* se hace y de *por qué* se hace.

Una amplia mayoría de directivos reconocen que los valores y la cultura de sus organizaciones han evolucionado en los últimos años para adaptarse a

---

Meta 1: Énfasis en propósito, visión, misión y valores

El crecimiento rentable y sostenible, entendido como la creación de valor a largo plazo y para todos los grupos de interés de la compañía, es el nuevo mantra directivo. Los mejores directivos trabajan para dotar a la organización de un sentido de propósito que oriente el futuro estratégico de la compañía hacia la creación de valor sostenible y a largo plazo para todos los *stakeholders,* capaz de alinear los intereses de todas las partes implicadas y de proveer inspiración y motivación a todos los miembros de la organización. Cuando el propósito está correctamente articulado y comunicado, no solo mejora la motivación y el compromiso de los empleados, sino que es apreciado por los consumidores, enriquece las relaciones con los distintos grupos de interés y genera resultados empresariales positivos.

todos estos cambios. Entre los principales retos de futuro que afrontan están la sostenibilidad del modelo de negocio en un contexto de lucha contra el cambio climático, el compromiso social, la RSC y la promoción de valores como la diversidad, la igualdad, la transparencia o la inclusión.

Consecuentemente, la responsabilidad social, la sostenibilidad y la relación con los distintos *stakeholders* pasan a ocupar los primeros puestos en el *ranking* de prioridades en la agenda directiva, cuando antes siquiera aparecían. Y eso se refleja también en la proporción del tiempo directivo dedicado a la atención y a la comunicación con todos los grupos de interés y a los asuntos relacionados con la RSC y la sostenibilidad, mucho mayor ahora que antes.

Una identidad corporativa más atractiva

Hubo un tiempo, en los albores del *marketing* moderno, en que las marcas representaban y sintetizaban los esfuerzos de las empresas por producir y comercializar los mejores productos y servicios, aquellos que ofrecían mayores ventajas y mejores prestaciones a sus clientes. La función de las marcas era desmarcar y diferenciar la oferta de una empresa de la de sus competidoras. Y eso, en esencia, no ha cambiado. Pero ahora las marcas ya no simbolizan un mero producto, sino que proyectan la imagen de todo un universo corporativo que va mucho más allá de lo que una empresa comercializa. De nuevo, no se trata solo de *lo que hace*, sino de *cómo lo hace* y de *por qué lo hace*: su visión y misión, su propósito, sus valores, su filosofía de funcionamiento… Es decir, todo aquello que configura su «estrategia institucional» y, en definitiva, su esencia.

Tampoco se dirigen exclusivamente a sus clientes o potenciales consumidores, sino que apelan a un número mucho más amplio de grupos de interés o *stakeholders*. Hemos visto en capítulos anteriores, por ejemplo, la importancia que tiene la cultura corporativa en la atracción de talento: cada vez más trabajadores —y especialmente los *millennials* y la generación Z— necesitan sentirse identificados personalmente con los valores, la cultura y el propósito de la empresa para la que trabajan, e incluso eligen dónde aplicar basándose en ese tipo de consideraciones.

Posicionamiento estratégico

La identidad corporativa engloba y sintetiza el posicionamiento estratégico de la organización y sus ventajas diferenciales (incluyendo aquí las relacionadas con su propósito, visión, misión y valores). Es, por tanto, un potente instrumento de comunicación y estrategia que, bien utilizado, puede convertirse en una fuente importante de ventajas competitivas sostenibles a largo plazo, ya que una cultura corporativa potente y atractiva, sólida y bien asentada, no es algo que la competencia pueda replicar fácilmente.

Las empresas y organizaciones con éxito sostenido a largo plazo tienen una cultura sólida y estable basada en unos valores compartidos por todos los empleados.

Las empresas se esfuerzan por contemporizar con las nuevas demandas sociales, con los retos de las comunidades en las que se integran y con los valores que defienden sus grupos de interés. Lo hemos visto claramente en nuestras entrevistas con directivos. Buena parte de ellos citaron la «transformación cultural» asociada a fenómenos como la globalización, la digitalización o la sostenibilidad como uno de sus grandes retos, así como el esfuerzo por incorporar a la cultura organizativa valores como la responsabilidad y el compromiso social, la lucha contra el cambio climático, la igualdad o la diversidad.

Un cambio cultural

Los cambios en el entorno y, particularmente, la globalización, la digitalización y la influencia de las nuevas generaciones de empleados y consumidores, han hecho evolucionar la cultura corporativa de las organizaciones hacia un modelo de cultura abierta, digital, flexible, diversa, inclusiva y con un compromiso firme con las personas y con el planeta. No solo para hacerse con el beneplácito de los clientes o consumidores potenciales, sino también para reclutar al mejor talento y retenerlo mediante un compromiso emocional con el proyecto y el propósito de la organización (de ahí la creciente popularidad de conceptos como «marca del empleador», «experiencia del empleado» o *engagement)*, para construir una marca que sea un referente en el mercado de buenas prácticas y comportamiento responsable (lo que favorece la relación con gobiernos, administraciones, proveedores y otros *partners* estratégicos) e incluso para competir con mayores garantías de éxito en el acceso a otros recursos importantes y escasos como el capital (hay inversores institucionales, por ejemplo, que ya deciden su portafolio de inversiones en función de la reputación corporativa y del estricto cumplimiento de los criterios ESG o la innovación.

El papel de los primeros directivos en la gestión y asimilación de ese cambio cultural es determinante. En sus manos está, en gran medida, impulsar las iniciativas internas que permitan desarrollar e integrar la cultura corporativa que los nuevos tiempos exigen, como esa cultura *agile* a la que se ha aludido ya, típica de las *startups* y que tantas empresas, grandes y pequeñas, tecnológicas o no, tratan de replicar: cultura digital, mentalidad global, libre circulación de ideas, fomento de la creatividad, cultura emprendedora, transparencia y libre acceso a la información, trabajo colaborativo, comunicación transversal…

Meta 2: Creación de una identidad corporativa potente y atractiva

Los directivos más competentes entienden la importancia de construir una cultura empresarial y una identidad corporativa que actúe como un reclamo para atraer y captar al mejor talento disponible, para fidelizar a los consumidores y para constituirse como un referente de buenas prácticas ante los grupos de interés de la organización y ante la sociedad en su conjunto. Las compañías con una sólida reputación corporativa, construida sobre el estricto respeto de los criterios ambientales, sociales y de buen gobierno que la sociedad demanda, tienen un mejor desempeño y están mejor preparadas para lidiar con el cambio constante que implica la disrupción tecnológica y con la ubicuidad de una competencia que se intensifica con el avance de la digitalización y de la globalización de la economía.

Son los nuevos parámetros en los que se mueven las organizaciones, y requieren de los directivos el impulso de nuevas estructuras organizativas y métodos de trabajo, así como el desarrollo de nuevos estilos de liderazgo y comunicación. Pero su trabajo no acaba aquí. El CEO de una empresa se erige también como el estandarte de su identidad corporativa, por lo que debe liderar con el ejemplo y actuar como correa de transmisión para asegurar que la cultura y los valores de la empresa impregnan cada una de sus acciones y se reflejan claramente en la actitud y en la forma de trabajar de todos los miembros de la organización. De lo contrario, la reputación corporativa podría verse irremediablemente dañada y todos los esfuerzos habrían sido en vano.

Liderazgos compartidos

La agilidad estratégica y la flexibilidad que imponen las condiciones del mercado, junto con la globalización y la digitalización de todo tipo de procesos, están acelerando notablemente el ritmo de la gestión y alterando de forma considerable el proceso de toma de decisiones en el seno de la organización. En general, las empresas reaccionan simplificando estructuras y cadenas de mando, para reaccionar con mayor rapidez a los retos y oportunidades que se presentan y no perder competitividad. Lo que se pretende es reducir el grado de concentración en la toma de decisiones, buscando una organización más dinámica y horizontal, con más autonomía y menos jerarquía, y trabajar en la consolidación de un tipo de liderazgo más colaborativo.

En las organizaciones del siglo XXI se imponen claramente los liderazgos compartidos. El autoritarismo y la jerarquía en la toma de decisiones han quedado definitivamente desfasados, dando paso a un estilo de dirección más colegiado y con mayor autonomía de los comités especializados o grupos de trabajo por proyectos: se acabó el *one man show*. Se ha pasado de ser una compañía jerárquica y personalista a una estructura matricial y empoderada.

Esta descentralización del proceso de toma de decisiones se traduce en una mayor delegación por parte de los altos directivos en sus colaboradores más estrechos, que gozan de mayor autonomía, capacidad de decisión y responsabilidad.

Desjerarquizar para inspirar

Pero adoptar este estilo de dirección, basado en el empoderamiento, la capacitación y el desarrollo de los subordinados, se requiere un nuevo tipo de liderazgo «descentralizado y poco fiscalizador», que poco o nada tiene que ver con el «ordeno y mando» propio de épocas anteriores y característico de las organizaciones con estructuras muy definidas y jerarquizadas. Exige menos control y más confianza, así como una cultura de mayor tolerancia y admisión del error (tanto del propio como del ajeno) que no coarte la iniciativa emprendedora. Un tipo de liderazgo que sí tiene que ver, y mucho, con el que demandan las nuevas generaciones de empleados.

Como hemos visto, los *millennials* y miembros de la generación Z responden mejor a un tipo de liderazgo más próximo y participativo, menos autoritario y jerárquico. Para ellos la autoridad del líder no emana de su posición jerárquica, sino que reside en su prestigio profesional y en su demostrada capacidad para inspirar, retar, motivar y apoyar a sus colaboradores para que pongan todas sus capacidades al servicio de un objetivo común. Necesitan líderes accesibles, abiertos y empáticos, que practiquen un estilo de dirección «menos personalista y más comunicativo» y una política de «puertas abiertas». Líderes con los que puedan compartir abiertamente los proyectos e ideas del equipo, pero también los retos y progresos personales. Y que además demuestren una preocupación sincera por el bienestar de los empleados y un compromiso con la vida personal de los miembros del equipo.

Bienestar laboral

Se valoran, pues, incluso se exigen, medidas como la flexibilidad horaria, el teletrabajo, la conciliación o las retribuciones en especie dirigidas a mejorar el equilibrio y la armonía entre ambas esferas (seguro médico, programas de formación, bajas maternales y paternales retribuidas y extendidas, etc.). Muchas empresas ya han advertido este cambio, y por eso buscan activamente potenciar el bienestar de los colaboradores para fortalecer su motivación y compromiso. Y en eso tiene mucho que ver la calidad de las relaciones de los empleados con sus supervisores inmediatos, como bien saben todos los que alguna vez han trabajado para un jefe demasiado inflexible, autoritario o poco comunicativo.

De hecho, se suele decir que las nuevas generaciones no quieren tener «jefes», sino más bien «entrenadores»: alguien que les apoye y les guíe, que les motive a asumir nuevos retos y les ayude a descubrir y a desarrollar sus fortalezas.

Romper inercias del pasado

Y es así como emerge la figura del líder como *coach*, que a menudo se define por contraposición a la del típico jefe autoritario: el que propone más que impone; el que plantea preguntas, en lugar de pretender tener todas las respuestas; el que proporciona visión y motivación, en lugar de limitarse a dar órdenes; el que apoya a sus colaboradores y los empodera desarrollando sus fortalezas, en lugar de limitarse a controlarlos y juzgarlos por sus carencias.

Este nuevo tipo de líder es el que poco a poco —no es fácil romper con las inercias del pasado ni todos los jefes sirven para hacer de *coach*—, empieza a hacerse su sitio en las organizaciones. Explicaba Alan Murray, periodista y consejero delegado de la revista *Fortune* que ha entrevistado a decenas de CEO de compañías tan destacadas como Microsoft, Starbucks, Nike, HP o PayPal, entre otras, para la elaboración de una serie de *podcasts* sobre el futuro del liderazgo, que ha constatado un cambio realmente profundo en la forma en que lideran los líderes empresariales. Hoy en día, decía, «sus trabajos se centran menos en dar órdenes y decirle a la gente qué hacer, y mucho más en proporcionar inspiración, motivación, una dirección amplia, y un tipo de liderazgo dirigido a asegurar que sus empleados progresan adecuadamente» (y no en controlar lo que hacen o dejan de hacer). En efecto, los mandos progresan hacia un liderazgo donde la comunicación, el reconocimiento, la conversación sobre las circunstancias personales de cada individuo están más presentes.

El valor de la diferencia

Además, los mejores líderes son sensibles y saben apreciar el valor de la diferencia. De hecho, fomentan la diversidad porque la ven como una ventaja importante a la hora de comprender la también diversa y compleja realidad en la que deben moverse. Por eso buscan crear un ambiente de trabajo multicultural y diverso, pero al mismo tiempo cohesionado y comprometido con el propósito de la organización. Es decir, buscan la diferencia para enriquecer los puntos de vista y las capacidades de la empresa y la ponen a trabajar para alcanzar una visión compartida, que es la que da unidad y consistencia al proyecto.

Practican, por tanto, un tipo de liderazgo más integrador, en el que son muy bienvenidos los perfiles de distintas razas, culturas, generaciones o bagajes profesionales. Y para aprovechar ese potencial, tratan de no imponer sus decisiones y puntos de vista. No fomentan el seguidismo entre sus cola-

---

Meta 3: Nuevos estilos de liderazgo

En las organizaciones del siglo XXI se imponen los liderazgos compartidos, las decisiones colegiadas y el empoderamiento de personas y equipos. No hay sitio para los liderazgos autoritarios ni para los estilos de dirección basados en el «ordeno y mando». La complejidad y la velocidad de los cambios en el entorno hacen que sea imposible, y una muy mala idea, tratar de dirigirlo y de controlarlo todo. Además, las nuevas generaciones de empleados demandan líderes próximos, empáticos y más humanos, capaces de conectar con las motivaciones más profundas de las personas y de aprovecharlas para desarrollar todo su potencial. Todo eso exige una nueva habilidad por parte de los altos directivos: la de actuar como entrenadores o *coaches* de aquellos a quienes supervisan, implicándose intensa y personalmente en su capacitación, y enfocándose en el desarrollo de sus fortalezas, más que en la corrección de sus debilidades.

boradores, al contrario, apuestan por el contraste y el debate de las ideas que aportan los miembros del equipo. Muchas veces, más que dar respuestas, el CEO plantea preguntas para que sean ellos quienes respondan con distintos puntos de vista.

De hecho, los líderes del siglo XXI destacan precisamente por su capacidad para crear y gestionar equipos diversos, multidisciplinarios y autónomos. A menudo, incluso trabajando en remoto y virtualmente desde distintas geografías, colaborando como socios externos de la organización o aportando sus conocimientos como profesionales independientes. Así, el próximo reto directivo será el de liderar y motivar a los equipos en unas condiciones de mayor autonomía, flexibilidad y virtualidad que pueden diluir en cierta medida su presencia y visibilidad, para lo que será necesario que cuenten con una elevada capacidad comunicativa y relacional —tanto presencial como digital—, que estén abiertos al cambio y dispuestos a abrazar las nuevas tecnologías, y que sean capaces de dar dirección y de desarrollar la empatía, el sentido de propósito y el compromiso de los empleados en entornos laborales mucho más fragmentados, dispersos y digitalizados.

Gestión y *stakeholders*

La mayor complejidad e interdependencia que se deriva de los cambios en el entorno analizados, así como la hiperconvergencia de tecnologías e industrias y el mayor escrutinio público al que se ven sometidas las empresas, gracias al empoderamiento del consumidor y a la presión que ejercen otros *stakeholders,* obligan a las empresas a estar mucho más pendientes de lo que sucede más allá de sus propios límites. Hoy, más que nunca, cobra sentido el dicho de que «no es posible dirigir una empresa desde un despacho».

De entrada, la concepción de la empresa como una entidad al servicio de un conjunto amplio de grupos de interés, y no solo dedicada a ganar dinero para retribuir a sus accionistas, implica adoptar una visión holística de la organización y un enfoque de gestión mucho más amplio.

La creación de relaciones de confianza con los distintos *stakeholders* de la organización obliga a los directivos a analizar las decisiones empresariales desde múltiples perspectivas (en realidad, tantas como grupos de interés se pretende satisfacer) y a sopesar detenidamente las implicaciones y los efectos —a menudo contrapuestos— sobre cada una de las partes afectadas. Y todo ello hace que los directivos sientan que su actividad está hoy caracterizada por una «mucha mayor proyección externa» y por la constante «atención al impacto de las decisiones en los distintos *stakeholders*», según ellos mismos relatan. «Hoy en día, un director general tiene que estar mucho más abierto al exterior que le rodea de lo que estaba antes, cuando su gestión probablemente estaba mucho más dedicada al interior de la compañía, a la mejora de procesos, al desarrollo de innovaciones.»

Comunicar, comunicar y comunicar

La atención a los distintos *stakeholders* y la comunicación institucional cada vez ocupan más tiempo directivo. Y ya se sitúa entre las máximas prioridades en la agenda directiva, prácticamente al mismo nivel que la atención a los clientes, la sostenibilidad o la digitalización, lo que ha llevado a tener que realizar mucha más comunicación, tanto interna como externa.

Pero la atención a los distintos *stakeholders* y la exigencia de una mayor transparencia y comunicación no son los únicos factores que han motivado la necesidad de adoptar una gestión más abierta y orientada al exterior por parte de las empresas y sus directivos.

El mayor reto que afrontan hoy los directivos es el de asegurar la competitividad presente y futura de la organización, lo que incluye la adaptación o transformación estratégica del modelo de negocio (nuevos clientes, nuevos competidores, cambios en las dinámicas del mercado), la gestión de la innovación, y el desarrollo de la rapidez, la flexibilidad y la adaptabilidad necesarias para seguir siendo competitivos. Y para encarar ese reto los directivos necesitan ahora estar mucho más pendientes de lo que ocurre más allá de los propios contornos de la organización.

Los cambios en los hábitos y preferencias del consumidor, el movimiento de un competidor, la irrupción de modelos de negocio alternativos o de productos sustitutivos, la aparición de una tecnología disruptiva, los cambios regulatorios… e incluso una pandemia global. Son factores externos que pueden poner en jaque la evolución del negocio más consolidado, por lo que conviene tener siempre el radar bien activado. Idealmente, para tratar de anticiparlos. Y si eso no es posible (difícilmente se puede prevenir una pandemia global) por lo menos para preparar una respuesta ágil y adecuada a cualquier contingencia que se presente.

El efecto mariposa

Por supuesto, no es ninguna novedad que los directivos tengan que estar pendientes de lo que ocurre fuera de sus despachos. Pero la globalización, la digitalización y el desarrollo de nuevas tecnologías han multiplicado exponencialmente el número de conexiones e interacciones que puede desencadenar cualquier movimiento susceptible de afectar a la evolución del negocio. Algo así como el «efecto mariposa», pero elevado ahora a la enésima potencia, porque ahora todo es más complejo e interdependiente.

Aunque no se trata solo de prevenir o reaccionar ante posibles amenazas que puedan comprometer la evolución de la empresa, sino también de detectar y aprovechar las oportunidades de crecimiento y progreso que se puedan derivar de la interacción con terceras partes. Porque el progreso de una organización no siempre llega a través del crecimiento orgánico, por más excelentes que sean sus operaciones y por más sólido que sea su modelo de negocio. A menudo el talento, la creatividad, la innovación y las oportunidades de crecimiento no están en el seno de la propia organización y hay que salir a buscarlos fuera.

Ecosistemas conectados

Ante la necesidad de conocer ecosistemas más amplios, se ha pasado de modelos de negocio autocontenidos y estables en el tiempo a ecosistemas más amplios y que requieren un trabajo mucho más conectado con el de otros jugadores. La capacidad de construir alianzas estratégicas con terceros, de reaccionar rápidamente a cualquier cambio en la demanda o en las dinámicas del mercado, de construir una red de conexiones y relaciones que permita movilizar los recursos necesarios en cada momento —económicos, tecnológicos, humanos—, no solo dentro de la organización sino más allá de sus propios límites, son habilidades cada vez más necesarias en el día a día del director general.

De ahí la importancia de contar con un equipo directivo capaz de detectar e interpretar a tiempo las señales de cambio, sensible y atento a las derivadas empresariales que puedan tener las transformaciones sociales, económicas o culturales de su tiempo. Y de tejer una red de contactos diversos, un *networking* heterogéneo, que contribuya a aumentar el «capital social» de la compañía. Un capital social entendido no en el sentido contable del término, sino en el sentido sociológico, como la capacidad de acceder a recursos a través de las relaciones y de las conexiones para construir relaciones de desarrollo.

Meta 4: Dirección más orientada al exterior y mayor atención a las relaciones con los distintos stakeholders

Liderar organizaciones organizaciones en el siglo xxi requiere adoptar un enfoque de gestión más orientado al exterior y con un mayor peso de las relaciones con los distintos grupos de interés de la compañía. La convergencia de tecnologías e industrias y la complejidad y velocidad de los cambios hacen que cada vez sea más necesario intensificar la colaboración con *partners* estratégicos e integrarse en ecosistemas más amplios para regenerar las estrategias y reinventar las formas de crear y capturar valor. Eso implica para los altos directivos aprender a mirar más allá de su propia empresa, más allá incluso de su propio sector, y desarrollar la capacidad de construir una red de contactos y de relaciones de desarrollo con terceras partes –un «capital social»– que ayude a la organización a afrontar los cambios y, si es posible, a capitalizarlos.

El capital humano es clave

Alcanzar la agilidad estratégica depende en gran medida de la calidad, la versatilidad, la capacidad de adaptación, la motivación y el compromiso del talento. Porque no deberíamos olvidar que todo se puede comprar o alquilar menos un equipo unido y motivado.

En entornos con una alta velocidad de cambio y plenamente inmersos en una nueva revolución industrial, las empresas priorizan el único elemento que les puede atribuir valor a largo plazo: su capital humano. Un movimiento consecuente con la idea de que el capital humano es clave para la rentabilidad y el éxito de las empresas.

En términos de capital humano, los principales retos que afrontan las empresas tienen que ver con las nuevas tecnologías y la transformación digital, la diversidad generacional y geográfica de los empleados, y la captación de un talento cada vez más escaso.

Muchas empresas ya están llevando a cabo cambios profundos en áreas críticas para la gestión del talento como los sistemas de reclutamiento y selección de personal, los mecanismos de compensación, los planes de formación y desarrollo, el *coaching* y la evaluación del desempeño, para adaptarse a las nuevas demandas de la fuerza laboral y maximizar su potencial de desarrollo y nivel de compromiso con la organización.

La experiencia del empleado

Esa es la idea detrás del concepto de «experiencia del empleado» que tanto se ha popularizado en los últimos años. Un concepto que, de manera análoga al de «experiencia del consumidor», busca conseguir los mayores niveles de satisfacción a lo largo de todas y cada una de las etapas de su relación con la organización. Desde su primer contacto con la marca del empleador y su eventual aplicación en los procesos de selección de la compañía hasta su desvinculación y salida de la misma, es decir, abarcando todas las fases del proceso: la atracción, la captación, la retención e incluso la fidelización una vez terminada la relación contractual (muchas empresas fomentan la creación de grupos y redes de *networking* entre sus exempleados).

En nuestras entrevistas con directivos hemos observado que las empresas utilizan como principal reclamo para la atracción de talento la propia marca del empleador —realzando atributos como el ADN y los valores de la empresa, la reputación corporativa, el liderazgo sectorial, el *expertise*, la capacidad de innovación o el compromiso social—, el recorrido para el talento, la dimensión internacional de la compañía, el ambiente de trabajo y, por supuesto, también la oferta salarial y el paquete retributivo. Son, todos ellos, aspectos que ciertamente valoran los potenciales candidatos.

Sin embargo, es importante resaltar que las nuevas generaciones de empleados no tienen las mismas expectativas que las generaciones precedentes, y su idea de «éxito profesional», «oportunidades de desarrollo» o «remuneración atractiva» dista mucho de la que tenían sus predecesores.

El proyecto es lo primero

El vínculo no es con la empresa, sino con el proyecto. En efecto, buscan crecer profesionalmente contribuyendo con su trabajo en proyectos diversos y variados, que les empujen a asumir nuevos retos y a descubrir y desarrollar sus fortalezas. Y no dudan en cambiar de trabajo si el que tienen no les permite enriquecer su trayectoria profesional. Lo de trabajar toda la vida en una misma empresa, haciendo carrera a la espera de una promoción que les permita ir escalando lentamente por el organigrama, claramente no va con ellos. Necesitan ver en todo momento cuál es su contribución al proyecto y esperan ver los resultados de sus esfuerzos pronto. No quieren esperar a la clásica revisión anual para evaluar sus logros y progresos, sino que esperan un *feedback* constante por parte de sus supervisores. Algo de lo que ya han tomado nota muchas empresas, que han declarado oficialmente la muerte de los informes a final de año *(annual reviews)* y trabajan ahora con sistemas de evaluación permanente del rendimiento mucho más frecuentes y dinámicos. Sin embargo, hay que decir que todavía son una amplia mayoría las empresas que siguen utilizando la revisión anual para la evaluación del desempeño; aunque muchas ya son conscientes de la necesidad de integrar sistemas de evaluación más ágiles y continuados.

Nómina vs *conciliación*

En cuanto a la retribución y a los sistemas de compensación y beneficios, también se impone una revisión y actualización. Para las nuevas generaciones de empleados el salario es importante, claro, pero no es la única razón, ni siquiera la primera, por la que eligen un trabajo u otro. Consideran, por encima de la retribución, las oportunidades de desarrollo. Más allá de la nómina, valoran mucho los beneficios adicionales y las compensaciones no monetarias. Y, muy especialmente, los que les facilitan la conciliación entre su vida profesional y su vida personal: bajas maternales y paternales retribuidas y extendidas más allá de lo que exige la ley, horas o días libres pagados, medidas de flexibilidad horaria y facilidades para teletrabajar, reembolso de los gastos de desplazamiento… Otro tanto ocurre con los mecanismos de recompensa y reconocimiento por los éxitos obtenidos: ¿despacho propio? ¿secretaria personal? ¿coche de empresa? Todo eso suena muy del siglo pasado. Prefieren que se les premie y reconozca dejándoles elegir en qué proyectos y con qué equipos trabajar, ofreciéndoles mayor autonomía y flexibilidad para organizar su jornada de trabajo o financiándoles un programa de formación superior específico y adaptado a sus intereses personales y profesionales, por ejemplo.

La motivación cuenta y mucho

Con todo, las tendencias en gestión de personas apuntan hacia una mayor preponderancia de las motivaciones intrínsecas y trascendentes: lo que buscan las personas en un trabajo es, principalmente, sentirse motivadas, valoradas y realizadas con lo que hacen. Las motivaciones extrínsecas (el salario, un reconocimiento, una promoción) siguen siendo importantes, pero las motivaciones intrínsecas (el aprendizaje, el deseo de superarse, la satisfacción por el trabajo realizado) e incluso las trascendentes (ayudar a otros a progresar, contribuir a mejorar la sociedad) tienen un papel importantísimo a la hora de reforzar la motivación y el compromiso de los empleados para que den el máximo de sí mismos y, además, lo hagan a gusto. Sintiéndose parte un proyecto empresarial con una filosofía y unos valores que comparten y apreciando exactamente cuál es su aportación al mismo.

Según un estudio de la consultora de administración estratégica McKinsey, cuando los empleados encuentran una mayor motivación intrínseca, están un 32 % más comprometidos con su trabajo y un 46 % más satisfechos con su empleo. Mejorar ese compromiso, ese *engagement*, es ahora la prioridad de las compañías que han comprendido que la clave del éxito empresarial reside en el talento, los conocimientos, la creatividad y la actitud de sus empleados.

El factor humano

Efectivamente, por parte de ese nuevo CEO hay una voluntad de dar cada vez mayor importancia al factor humano y de poner a las personas primero *('people*

Meta 5: Potencial de las personas y desarrollo del talento

En un contexto caracterizado por el cambio constante y por la complejidad y la hiperespecialización del conocimiento, la clave de la competitividad reside, más que nunca, en el talento, la actitud, la adaptabilidad y la capacidad de aprendizaje del capital humano. Los CEO más admirados siempre priorizan el desarrollo de personas y equipos. Dirigen pensando en maximizar el potencial del capital humano de la organización porque saben que esa es la clave para la rentabilidad y el éxito de las compañías a largo plazo. Un objetivo que consiguen enfocando la gestión de personas a la optimización de la «experiencia del empleado» en todas sus interacciones con la organización y en todas las fases de su relación con la misma, para reforzar su motivación y compromiso con el proyecto, y adaptando los mecanismos de evaluación y compensación a las nuevas demandas de la fuerza laboral: oportunidades de crecimiento y desarrollo, flexibilidad, evaluación continua y *feedback* constante por parte de los supervisores, sentido de propósito... Saben darle al factor humano toda la importancia que se merece, y hacen todo lo posible por asegurarse de que cuentan en todo momento con el mejor talento disponible en el mercado.

first') en las decisiones que toman. Y de buscar activamente el bienestar de los empleados para fortalecer su motivación y compromiso a través de la empatía y mediante el sentido de lo que hace toda la organización. De nuevo, la importancia del propósito. Por supuesto, para tener la fotografía completa necesitaríamos conocer las valoraciones y opiniones de los empleados. Pero, en cualquier caso, el cambio en el discurso es una realidad incontestable.

Los CEO y supervisores son quienes ejercen una mayor influencia e impacto sobre la relación de los trabajadores con las organizaciones para las que trabajan. En sus manos está, por tanto, buena parte del éxito que tenga la compañía (o no) para detectar, captar y retener al mejor talento, tanto interno como externo. Y eso pasa por lograr un adecuado balance entre el reto y el riesgo, retando y desafiando a los colaboradores para que asuman nuevas responsabilidades, dándoles el apoyo y los recursos que necesitan para desarrollarse profesionalmente y progresar en sus carreras. Por adoptar un estilo de dirección basado en el *coaching*, que contribuya a desarrollar las capacidades y competencias de los equipos dotándoles de mayor autonomía y capacidad de gestión. Y por liderar de acuerdo con un propósito común que asegure la motivación, el compromiso y la unidad de acción de todos y cada uno de los implicados.

Promoviendo el cambio

La intensidad y la ubicuidad de la competencia en un mercado globalizado, los avances tecnológicos y la rápida evolución de los cambios en los hábitos y preferencias del consumidor sitúan a las organizaciones ante la necesidad de adquirir constantemente nuevos conocimientos y capacidades. Cuando la única constante es el cambio, la capacidad para adaptarse a él, de aprender e incorporar las habilidades individuales y colectivas necesarias para navegar en las nuevas condiciones, es definitivamente lo que marca la diferencia entre el éxito y el fracaso.

Los teóricos del *management* hace tiempo que introdujeron el concepto de «aprendizaje organizativo» y desarrollaron la teoría de las organizaciones que aprenden o *learning organizations*. Pero es ahora, probablemente, cuando esas tesis empiezan a hacerse de verdad un hueco en las organizaciones y en la agenda de quienes las dirigen. Porque ya no basta con «aprender», sino que hay que «aprender a aprender». Es decir, desarrollar a nivel individual lo que en el ámbito de la psicología se denomina la *metacompetencia* del aprendizaje, esto es, una competencia que es tan poderosa que influye sobre la capacidad de la persona para adquirir otras competencias. Y, a nivel organizacional, encontrar los sistemas y mecanismos, sean más formales o informales, para generar nuevos conocimientos y conseguir que fluyan, se compartan, se actualicen y se perfeccionen de forma sistemática. Porque los conocimientos y las capacidades pueden caducar y, de hecho, caducan. Y más rápido aún en entornos complejos y dinámicos como los que las empresas enfrentan actualmente. Por eso las organizaciones necesitan personas que puedan aprender continuamente y reciclarse constantemente.

Pero ¿cómo lograrlo?

El primer paso, imprescindible, es crear un entorno de seguridad y confianza en el que los empleados puedan experimentar y fallar, para lo que se necesita desarrollar un mayor grado de tolerancia al error. La idea es instaurar una cultura corporativa a imagen y semejanza de la que se puede encontrar en ecosistemas altamente emprendedores e innovadores como Silicon Valley, donde hizo fortuna el lema *'Fail fast, fail often'*: «Fracasa rápido y a menudo». Al fin y al cabo, la experiencia es la mejor base para casi cualquier proceso de aprendizaje.

Por supuesto, las organizaciones deben hacer un esfuerzo continuo y sostenido en el tiempo para reforzar las capacidades de sus empleados invirtiendo en programas de formación y desarrollo para asegurarse que cuentan con los recursos necesarios para llevar a cabo sus tareas y responsabilidades, y que puedan progresar en sus carreras. Programas que además, y como ya se ha mencionado, suponen uno de los grandes reclamos que pueden utilizar las empresas para atraer y fidelizar al mejor talento disponible.

Pero existen también otras formas de impulsar la creatividad, la innovación y el aprendizaje organizativo. Y algunas ni siquiera cuestan dinero. Las empresas más competitivas e innovadoras, por ejemplo, fomentan la comunicación a todos los niveles para estimular el intercambio de ideas y favorecer el aprendizaje de toda la organización. Sin una buena comunicación, es imposible desarrollar la inteligencia colectiva. Algunas empresas han optado incluso por adaptar sus instalaciones, eliminando barreras arquitectónicas y sustituyendo los despachos cerrados por espacios diáfanos y abiertos, para reforzar esa idea de transparencia, accesibilidad y libre circulación de ideas. Y, aunque eso puede ayudar, lo verdaderamente importante es que la comunicación sea transversal, ágil y fluida.

Aprender todos de todos

Es importante que la información y el conocimiento acumulados sean de libre acceso para todo el personal (atrás quedaron los tiempos en que todo era de acceso restringido o confidencial), para que todos puedan aprender de todos.

Precisamente esa idea es la que está detrás de las iniciativas que se han llevado a cabo muchas empresas para incorporar el *coaching* y el *mentoring* en sus estrategias de formación. Una manera más de impulsar el aprendizaje colectivo, aprovechando en este caso la variedad y diversidad de perfiles que conviven en las organizaciones para reforzar las capacidades de sus miembros mediante los conocimientos y la experiencia que aportan sus propios colegas.

Sin olvidar, claro, la necesidad de aprender constantemente del propio consumidor para seguir siendo competitivos. Porque el consumidor ha cambiado mucho, pero sigue siendo absolutamente prioritario para las empresas y la razón última por la que existen (en realidad, eso parece casi lo único que no ha cambiado en los últimos años). Así lo expresaron los directivos consultados, muchos de los cuales manifestaron también que una de sus grandes prioridades es seguir avanzando en la construcción de una cultura corporativa totalmente orientada hacia el consumidor *(customer-centric),* que les permita situar al cliente en el centro de todas las decisiones para entender y satisfacer mejor sus necesidades e incluso ser capaces de anticiparse a ellas.

Ya hace tiempo que el cliente no es un sujeto pasivo que compra la oferta, sino que contribuye de forma activa a la configuración de la misma: decide mediante sus actos de consumo qué marcas y productos satisfacen mejor sus necesidades y representan mejor sus valores; elige dónde, cómo y cuándo comprar; comparte información, opiniones y experiencias sobre productos y servicios con otras personas en internet; interactúa con las marcas en las redes sociales e incluso participa en la cocreación de productos u ofertas cuando las marcas se lo proponen. En fin, genera todo tipo de interacciones con las que va proporcionando distintos *insights* de gran valor que las empresas tratan de incorporar a su propuesta de valor para mejorar y afinar sus estrategias.

Precisamente ahora muchos directivos se encuentran en pleno proceso de decidir cómo incorporar y asimilar la analítica avanzada y la inteligencia de los datos en sus procesos, conscientes de que el *big data*, la inteligencia artificial y el aprendizaje automático o *machine learning* revolucionarán —de hecho, ya lo están haciendo— sus estrategias empresariales. Y ya se está previendo que la dedicación a las personas y a la asimilación de todos estos cambios operativos ocupará buena parte de su tiempo en un futuro próximo. Es otro de los retos mayúsculos que se les plantea en términos de capacitación y aprendizaje organizativo.

Sin miedo al cambio de mentalidad

Con frecuencia, lo difícil no es tanto la incorporación de nuevos conocimientos y capacidades como asimilar e integrar el cambio de mentalidad que a menudo implican. El ejemplo más representativo lo tenemos en el proceso de transformación digital en el que están inmersas prácticamente todas las compañías: lo realmente difícil no es incorporar la tecnología al puesto trabajo, que también, sino aprender a trabajar de una manera distinta a como se hacían las cosas cuando todo era más analógico. O sea, vencer la natural resistencia al cambio, romper con las viejas dinámicas, incorporar nuevos métodos de trabajo, acostumbrarse a nuevos procesos, etc. De ahí que muchos directivos estén ahora preocupados y ocupados en incorporar la tecnología sin olvidar a las personas.

La proximidad, la empatía y el ejemplo del líder son absolutamente esenciales para abordar con éxito cualquier cambio organizativo o transformación estratégica. Los máximos ejecutivos de la compañía deben demostrar curiosidad, capacidad de aprendizaje y apertura al cambio, pero también deben ayudar a sus organizaciones a desarrollar la capacidad para adaptarse e incluso de promover el cambio, desafiando el *statu quo* e invitando a los demás a hacer lo mismo para tratar de encontrar soluciones imaginativas a los problemas o nuevos enfoques que permitan alcanzar cotas más altas de creatividad e innovación.

Eso no siempre tiene que ver con la incorporación y asimilación de nuevos conocimientos técnicos y procesos operativos. El aprendizaje organizativo pasa también por apoyar el desarrollo de las llamadas *soft skills* (capacidades blandas) de toda la organización, es decir, de aquellas competencias que facultan a las personas para moverse en su entorno, trabajar bien con otros y realizar un buen desempeño (empatía, capacidad para trabajar en equipo, flexibilidad, integridad…). Y muy especialmente de las comúnmente consideradas como «no automatizables», como la capacidad de liderazgo, el aprendizaje adaptativo, la comunicación efectiva y persuasiva, el sentido crítico o la contextualización, ya que en un contexto de rápido crecimiento de la inteligencia artificial y de

Meta 6: Importancia de la capacitación y del aprendizaje organizativo

Cuando la disrupción es la norma y la única constante es el cambio continuo, la única garantía de supervivencia de las empresas es su propia capacidad para transformarse en «organizaciones que aprenden». Los líderes de las compañías con un mejor desempeño se preocupan por desarrollar la capacidad de «aprender a aprender», tanto a nivel individual como organizativo, pues es la única manera de incorporar sistemáticamente nuevos conocimientos y habilidades. No solo invierten de forma sostenida en la capacitación de sus colaboradores y en planes de formación y desarrollo personalizados, sino que practican la transparencia, la accesibilidad y el libre acceso al conocimiento, fomentan la comunicación transversal y la libre circulación de ideas para romper silos y favorecer el aprendizaje organizativo, aprenden constantemente de los *insights* que proporciona el propio consumidor, se preocupan por desarrollar las capacidades blandas de todos los empleados y, sobre todo, saben crear un entorno de confianza y seguridad que anima a las personas a experimentar, aunque en ocasiones eso implique fallar.

progresiva automatización de tareas, serán este tipo de habilidades —las que difícilmente pueden replicar las máquinas— las que marcarán la diferencia.

Organizaciones resilientes

En un mercado de consumo como el actual, caracterizado por la inmediatez, la conveniencia y la omnicanalidad de la oferta, y en el que la tecnología, las tendencias y las maneras de comprar evolucionan muy deprisa, la velocidad se ha convertido en un elemento crítico para la competitividad de las empresas. En los últimos años muchas grandes compañías han visto cómo rivales mucho más pequeños, pero también mucho más ágiles, les han ganado la partida en el mercado porque han sido más rápidos detectando los cambios en los gustos y preferencias del consumidor, diseñando estrategias de *marketing* y ventas efectivas o innovando, testando y lanzando nuevos productos. Pero han aprendido la lección, y ahora tratan de reinventarse como organizaciones más rápidas, flexibles y adaptables.

Sin embargo, acelerar el metabolismo de la organización para articular una respuesta rápida y ágil a los retos del mercado no es fácil. Porque aumentar el ritmo de gestión y la velocidad a la que se toman las decisiones pasa inevitablemente por introducir cambios en los métodos de trabajo, en las estructuras organizativas y en las formas de aprovechar el talento.

Emprendimiento colectivo

Respecto a las formas de trabajar, a menudo el primer paso consiste en acelerar y delegar la toma de decisiones empoderando a personas y equipos para que asuman mayores responsabilidades. Es decir, fomentando la iniciativa individual, animando a las personas a aplicar su propio criterio, y favoreciendo el emprendimiento colectivo mediante la creación de grupos de trabajo que cuenten con la autoridad y los recursos necesarios para poder llevar a cabo sus ideas.

Otro requisito indispensable para ganar velocidad es eliminar lo superfluo, todo aquello que no aporta valor y resta dinamismo a las organizaciones:

reuniones demasiado largas, con demasiadas personas y con un orden del día demasiado extenso; eventos y viajes innecesarios; trámites burocráticos prescindibles; procedimientos excesivamente farragosos...

Y, por supuesto, integrar las nuevas herramientas de trabajo colaborativo, a menudo virtuales y en tiempo real (videoconferencias, redes sociales, chats, aplicaciones en la nube, plataformas de *e-learning...*), aprender a funcionar con modelos de trabajo híbridos (aquellos que combinan el trabajo presencial en el centro corporativo con el trabajo remoto desde casa o desde ubicaciones alternativas) y adoptar nuevos enfoques y metodologías tanto en la resolución de problemas como en la innovación y el desarrollo de productos, como el pensamiento de diseño *(design thinking)* o la metodología *scrum,* por citar un par de ejemplos.

Por último, las nuevas formas de trabajar deben contemplar también la posibilidad de establecer acuerdos estratégicos con terceros. La elevada tasa de innovación tanto en tecnología como en modelos de negocio, por sí sola, hace prácticamente imposible que una empresa pueda hacerlo todo por sí misma y contando únicamente con sus recursos internos. Pero, además, el mundo conectado está rompiendo las fronteras tradicionales entre sectores e industrias, entre compradores y proveedores, entre fabricantes y distribuidores e incluso entre empleadores y empleados (algo de lo que ya nos advertía Rosabeth Moss Kanter), por lo que cada vez es más importante saber encontrar y trabajar con socios externos que ayuden a la empresa a lidiar con el ritmo de cambio, la complejidad y las disrupciones.

Nuevas arquitecturas empresariales

Estas nuevas formas de trabajar, más ágiles y rápidas, requieren una arquitectura organizativa diferente, muy alejada de la que se deriva de la aplicación del clásico organigrama. Las estructuras jerárquicas y piramidales tienden a sustituirse por estructuras más planas, para eliminar barreras y romper silos entre departamentos y favorecer una cooperación más transversal entre ellos.

Además, las tareas y proyectos se organizan en grupos de trabajo multifuncionales, más pequeños, ágiles y enfocados, que trabajan juntos en la consecución de un conjunto de objetivos específicos, que se controlan y se miden para asegurar que se toman las decisiones adecuadas y se obtienen los resultados deseados.

A menudo, adoptar estos cambios hace que sea necesario redistribuir el talento, reubicando perfiles y responsabilidades, e invertir en la capacitación y la adquisición de nuevas habilidades y competencias por parte de la plantilla. Una buena ocasión para detectar el talento oculto y dejar que emerjan los futuros líderes: aquellos que demuestren su capacidad de adaptarse rápidamente, de tomar decisiones y ejecutarlas con agilidad, de liderar y asumir nuevos retos a pesar de la incertidumbre, serán sin duda firmes candidatos.

Muchos directivos coinciden en señalar la aceleración del ritmo de gestión como uno de los grandes cambios que han tenido que asumir en los últimos años en su día a día al frente de las organizaciones que dirigen. Tomar buenas decisiones se ha convertido en tomar buenas decisiones *a tiempo*. O las mejores decisiones con el conocimiento que tienes en ese momento, ya que una perfecta decisión tomada tarde ha puesto a tu empresa fuera del mercado.

Lo urgente no siempre es lo más importante

Los directivos tienen que tomar cada vez más decisiones, y además tienen que tomarlas rápido. Pero lo urgente no siempre es lo más importante. Los mejores CEO lo saben, como saben también que hoy en día es imposible —y un gran error— tratar de controlarlo todo. Por lo que se apoyan en sus equipos y en sus colaboradores más estrechos, delegando funciones para concentrarse en lo esencial: modelar una visión de futuro que sea excitante y desafiante para el equipo y empoderar a otros para que la hagan realidad.

Dedican la mayor parte de su tiempo a las personas, priorizando el contacto directo y muy fluido con los colaboradores, y evitando las reuniones demasiado extensas y poco productivas. Y utilizan la agilidad e inmediatez de las nuevas tecnologías y herramientas de comunicación para estar permanentemente en contacto con sus equipos. Y es que la tecnología ha multiplicado y reforzado esa comunicación; curiosamente, mientras algunos piensan que el contacto cara a cara sigue siendo esencial, otros apenas ven diferencias entre reunirse presencialmente o compartir y debatir ideas a través de un grupo de WhatsApp creado a tal efecto o de una videollamada.

Porque los mejores líderes siempre comunican. Comunican mucho. Saben que la comunicación es fundamental para asegurar la correcta implantación de la estrategia y una herramienta indispensable para motivar y desarrollar equipos. Es lo que permite coordinar el trabajo y las funciones de los distintos departamentos, equipos o unidades de negocio para evitar que actúen como compartimentos estancos. Sin comunicación, se malbaratan oportunidades y sinergias. Y es también lo que asegura la unidad de acción, la alineación de incentivos y la consistencia con los valores corporativos y el propósito institucional de la compañía.

No olvidemos que a menudo se comunica más con lo que se hace que con lo que se dice. El papel de los líderes y supervisores en la aceptación y asimilación del cambio es crucial, por lo que deben liderar con el ejemplo y personalizar el cambio que desean ver en sus colaboradores.

Meta 7: Decisiones más rápidas y frecuentes

La velocidad se ha convertido en un elemento clave de la competitividad de las empresas, que deben acelerar el metabolismo de toda la organización para acompasarse con el ritmo de los cambios. Para lograrlo, los directivos más eficaces no dudan en introducir cambios en los métodos de trabajo (descentralizar la toma de decisiones, fomentar la iniciativa individual y el emprendimiento colectivo, simplificar procesos, transformaciones *agile*...), en las estructuras organizativas (estructuras planas, grupos de trabajo multifuncionales, cooperación transversal para romper silos entre departamentos...) y en las formas de aprovechar el talento disponible (reubicar perfiles y responsabilidades, invertir en capacitación, detectar talento oculto, identificar y preparar a los futuros líderes...). Todo ello con el objetivo, en última instancia, de conseguir organizaciones más flexibles, adaptables y resilientes, capaces de responder de forma rápida y ágil a los nuevos retos que constantemente plantea el mercado.

En resumen, las organizaciones que deseen moverse más deprisa deben motivar a sus empleados para que estén dispuestos a actuar. Y eso requiere que quienes lideran y supervisan ayuden a su fuerza de trabajo a mejorar su capacidad ejecutiva. ¿Cómo? Ofreciendo programas de capacitación específicos y adaptados, asegurándose que los incentivos están correctamente diseñados y alineados, y estableciendo mecanismos de reconocimiento y recompensa. Es decir, una vez más, haciendo todo lo posible por maximizar el potencial humano de sus colaboradores, ya que esa es la clave para construir organizaciones ágiles, flexibles y resilientes, capaces de resistir a cualquier envite del mercado y de sobrevivir a largo plazo.

Epílogo

Unas nuevas coordenadas como las que hemos tratado en este libro requieren nuevas estrategias que contribuyan a que la alta dirección se adapte con éxito al nuevo entorno competitivo. Ciertamente, en la última década, han sido muchos los cambios que se han producido en el mercado laboral, ya sean motivados por la pandemia, ya sea por la creciente digitalización de las empresas, las diversas maneras de entender el trabajo, la aportación de las nuevas generaciones o el peso que están tomando factores extrínsecos, como la importancia del capital humano o la relevancia estratégica de los criterios ambientales, sociales y de gobernanza.

Tras la revisión y actualización de las tareas básicas del director general hemos concluido definiendo esas nuevas coordenadas para la dirección general adaptadas a la realidad competitiva del siglo XXI, caracterizada por el cambio constante, la complejidad, la volatilidad y la incertidumbre.

Siete metas, retos u objetivos que marcan la diferencia en los nuevos estilos de liderazgo. Hemos pasado de los *mitos* sobre la dirección general (desgranados en los dos primeros capítulos) a las *metas* que se han propuesto en el último.

Estas nuevas coordenadas parten del análisis de los roles tradicionales del directivo —y particularmente de los descritos por Peter Drucker en 1954, que han marcado la pauta en la mayoría de organizaciones durante buena parte del siglo XX—, pero también de la constatación de que estos están evolucionando para adaptarse a los cambios en el entorno y en las formas de organización y gestión de las empresas.

Este libro analiza estos cambios y sus derivadas en la función directiva a partir del conocimiento que nos aporta la literatura académica más reciente sobre el rol del director general, y los que hemos observado también de primera mano en entrevistas y experiencias con altos directivos. No olvidemos que las empresas más avanzadas ya han iniciado la transformación, lo que permite avalar la efectividad y la traslación a resultados medibles.

Aquí se ha tratado de aportar nuevos *insights* de conocimiento sobre cómo los directivos más eficaces abordan cuestiones esenciales para la competitividad y supervivencia de sus empresas, tales como la definición de una visión de futuro que oriente estratégicamente los pasos de la compañía, la constante adaptación de su modelo de negocio, el enfoque centrado en las personas, y el correcto encaje de todo ello en una estrategia institucional que dé sentido, dirección y coherencia al esfuerzo de todos sus miembros. Ya sabíamos que esas eran sus prioridades esenciales. Pero ahora sabemos, además, cómo las hacen operativas y cómo las adaptan a la realidad de su día a día en las organizaciones que lideran.

En conclusión, la realidad competitiva del siglo xxi impone nuevas prácticas, estilos y enfoques de dirección. Con estas nuevas coordenadas pretendemos, en última instancia, ofrecer una guía práctica que pueda servir como punto de referencia para los máximos responsables de la gestión de las organizaciones.

El discurso del cambio está calando en la mente de los directivos, tal como pregonan los expertos en *management*, las firmas de consultoría, los académicos, los propios CEO y también nosotros, aquí y ahora. Sin embargo, que haya una intención, incluso la firme voluntad, de ir adoptando todos los cambios reseñados no significa que lo hayan conseguido. Sí es un primer paso.

El análisis de los cambios en el entorno competitivo y de los cambios en la organización y gestión de las empresas aquí planteado debe entenderse como una contextualización de los factores que han motivado y condicionado la evolución de las prácticas y los estilos de liderazgo.

Quedémonos con una idea: si algo podemos aprender de la lectura de este libro es que los directores ejecutivos más eficaces son aquellos capaces de adaptarse a las exigencias que imponen los constantes cambios en el entorno. En este sentido, la pandemia por covid-19 ha resultado ser una auténtica prueba de fuego. Los directivos y sus organizaciones han tenido que ir ajustando sobre la marcha, y prácticamente de la noche a la mañana, sus modelos operativos, la organización de sus recursos humanos, la relación con sus clientes y proveedores… La gran pregunta es… ¿cuáles de los cambios que han tenido que aplicar han llegado para quedarse? ¿Y en qué medida se están imponiendo?

De aquello que denominamos *nueva normalidad* al ir saliendo, poco a poco, de la pandemia, ¿qué queda? Todo parece apuntar hacia la aceleración y consolidación de transformaciones que, si bien ya estaban en marcha antes de la pandemia, con su estallido habrían recibido el espaldarazo definitivo.

Quizás el caso más evidente sea el de la aceleración del proceso de digitalización de las empresas. Según datos de KPMG, publicados en 2020, el 80 % de los CEO asegura que la pandemia aceleró la digitalización de empresas y ciudadanos. O, como dijo Satya Nadella, CEO de Microsoft: «Hemos visto dos años de transformación digital en dos meses». En efecto, uno de los primeros efectos de la pandemia y de los confinamientos impuestos por las autoridades fue la traslación al ámbito virtual de todo tipo de actividades: comercio, educación, relaciones personales, entretenimiento, sanidad, actividad física…

Capítulo aparte merece, aunque forma parte esencial de esa aceleración digital, el aumento espectacular del teletrabajo en las empresas, que pasó de ser meramente residual a ser la norma, durante los meses más estrictos de confinamientos domiciliarios y *lockdowns* obligatorios. Transcurrido ya cierto tiempo desde entonces, ¿qué valoración podemos hacer?

Nos encaminamos hacia un futuro caracterizado por el trabajo híbrido; es decir, por una combinación de trabajo presencial en la oficina con trabajo virtual desde casa o desde ubicaciones alternativas. Nuevamente, la pregunta es ¿hasta qué punto?, ¿qué peso deberían tener uno y otro en la jornada laboral? Lo cierto es que una mayoría de empleados también desea un modelo de trabajo híbrido y quiere que continúen las opciones de trabajo remoto y flexible que se les ofrecieron durante la pandemia.

Pero también son muchos los que estaban deseando volver a la oficina y pasar más tiempo con sus colegas de trabajo. Puede parecer una contradicción, pero no lo es. Según una amplia encuesta realizada por Microsoft entre más de 31.000 empleados de 31 mercados diferentes, un 73 % de los trabajadores encuestados quieren continuar utilizando el teletrabajo. Pero un 67 % también afirma que desea más trabajo cara a cara y en colaboración con otros tras la pandemia. Sencillamente, concluyen los analistas, los empleados desean tener lo mejor de ambos mundos. Se hace necesaria, pues, la progresiva implantación de este modelo de trabajo híbrido y, sobre todo, la adecuación de las prácticas de liderazgo, motivación y compensación a esta nueva realidad.

A propósito del liderazgo en la era de los *stakeholders,* la mayoría de análisis apuntan que la pandemia no hizo sino reforzar la necesidad y la conveniencia de migrar hacia ese nuevo capitalismo refundado que ha de conducirnos hacia un futuro más sostenible y socialmente responsable. La crisis global provocada por la pandemia puso en jaque a todas las empresas, pero a muchas les ha servido también para demostrar que son capaces de contemporizar con los problemas de la sociedad, de asumir con éxito los enormes retos que se plantean y de generar un impacto positivo haciendo lo que mejor saben hacer.

Escribía sobre ello en un artículo publicado en *Harvard Business Review* el expresidente y CEO de Best Buy, Hubert Joly, uno de los directivos más admirados —un habitual en las listas de los mejores CEO que publican distintas organizaciones— y actualmente profesor en Harvard.

Ya antes de la pandemia, explica Joly, un número creciente de líderes empresariales habían empezado a desmarcarse de la tesis de Milton Friedman, según la cual el único propósito de una empresa es el de maximizar el retorno para su accionariado, y a abrazar la idea de que las empresas deberían servir a todos sus grupos de interés. Entonces llegó la pandemia y puso el mundo patas arriba. «La profunda y multifacética crisis a la que nos enfrentamos ha hecho aún más evidente que las empresas y la sociedad no pueden prosperar si los empleados, los clientes y las comunidades no gozan de buena salud; si nuestro planeta está en llamas, y si nuestra sociedad está fracturada.» Para Joly es el momento de que los líderes empresariales asuman una declaración de interdependencia que priorice el bien común y reconozca la humanidad de todos los *stakeholders.* Una interdependencia, añade, que debe apoyarse en cuatro principios que serán básicos para la próxima era del capitalismo: encontrar un sentido a nivel personal, definir un propósito noble para la organización, desatar la magia del ser humano y reimaginar el liderazgo.

Por último, en este mundo cambiante, habrá que estar muy atentos y analizar el impacto en la tarea directiva de las próximas disrupciones tecnológicas y especialmente de la adopción masiva de tecnologías que empiezan a hacerse un hueco en las empresas más punteras pero que todavía no están ampliamente generalizadas, como la inteligencia artificial, el *big data* y la analítica avanzada de datos, el internet de las cosas (IoT), la robotización o las que se deriven de la implantación definitiva de las redes 5G.

Lo cierto es que hay que aprender a vivir con una nueva realidad en la que nuestras vidas y nuestro trabajo están inextricablemente ligados a la tecnología. Un liderazgo empresarial eficaz debe poder anticiparse al futuro, pero conocer los cambios en el entorno y las limitaciones que pueden conllevar son también un estímulo para mejorar nuestra capacidad de resiliencia.

Nuestro rol ha cambiado de tres formas fundamentales. Uno, ya no se trata simplemente de maximizar el valor para los accionistas; se trata de marcar una diferencia positiva en el mundo. Dos, el trabajo del líder es maximizar el rendimiento no eligiendo entre los distintos stakeholders, *sino acogiendo, movilizando y sirviendo a todos ellos en línea con un propósito noble y rechazando los juegos de suma cero en el camino. Tres, la organización humana con propósito no puede florecer con el modelo tradicional de arriba hacia abajo del líder-héroe todopoderoso e infalible impulsado por el poder, la fama, la gloria o el dinero. Lo que se requiere ahora es un enfoque de liderazgo que ponga el propósito y las personas en el centro de la empresa.*

—Hubert Joly, expresidente y ex CEO de Best Buy,
How to lead in the stakeholder era. HBR.org, 13 mayo 2021

Bibliografía

Briscoe, J. P., y Hall, D. T. (1999). An alternative approach and new guidelines for practice. *Organizational Dynamics*, *28*(2), 37-52. https://doi.org/10.1016/s0090-2616(00)80015-7.

Business Roundtable (2018, 19 agosto). *Business Roundtable redefines the purpose of a corporation to promote "an economy that serves all Americans"*. https://www.businessroundtable.org/business-roundtable-redefines-the-purpose-of-a-corporation-to-promote-an-economy-that-serves-all-americans.

Cangelosi, V. E., y Dill, W. R. (1965). *Organizational learning: observations toward a theory*. Carnegie Institute of Technology.

Capelli, P., y Tavis, A. (2018). HR goes agile. *Harvard Business Review*, 96(2), 46-52. Marzo-abril 2018.

Clifton, J., y Harter, J. (2019). *It's the manager: moving from boss to coach*. Gallup Press.

Cunningham, L., y McGregor, J. (2015, 17 agosto). Why big business is falling out of love with the annual performance review. *The Washington Post*.

Deloitte (2020b). *Purpose is everything*. Deloitte Global Marketing Trends 2020. https://www2.deloitte.com/content/dam/Deloitte/uk/Documents/consultancy/deloitte-uk-consulting-global-marketing-trends.pdf.

Deloitte (2021). *The Deloitte global millennial survey: a decade in review*. https://www2.deloitte.com/content/dam/Deloitte/global/Documents/2021-deloitte-global-millennial-survey-decade-review.pdf.

Drucker, P. F. (1954). *The practice of management*. Harper Business.

Fayol, H. (1917). *Administration industrielle et générale: prévoyance, organisation, commandement, controle, coordination*. Dunod & Pinat.

Fink, L. (2018, enero). *A sense of purpose*. BlackRock.com. https://www.blackrock.com/corporate/investor-relations/2018-larry-fink-ceo-letter.

Gallup. (2021). *State of the global workplace report*. Gallup, Inc. https://www.gallup.com/workplace/349484/state-of-the-global-workplace.aspx.

Ghoshal, S., y Bartlett, C. A. (1997). *The individualized corporation: a fundamentally new approach to management*. Harper Business.

Ibarra, H., y Scoular, A. (2019, noviembre). The leader as coach. *Harvard Business Review*. https://hbr.org/2019/11/the-leader-as-coach.

IBM y Globoforce. (2018). *The financial impact of a positive employee experience*. https://www.ibm.com/downloads/cas/XEY1K26O.

Joly, H. (2021, 13 mayo). How to lead in the stakeholder era. *Harvard Business Review*. https://hbr.org/2021/05/how-to-lead-in-the-stakeholder-era.

Keller, S. (2017, 24 noviembre). *Attracting and retaining the right talent*. https://www.mckinsey.com/business-functions/people-and-organizational-performance/our-insights/attracting-and-retaining-the-right-talent.

Kotter, J. P. (2001, diciembre). What leaders really do. *Harvard Business Review*. https://hbr.org/2001/12/what-leaders-really-do.

Las Heras, M., Palet, G., y Riera, G. (2019). *Excelencia y valores. Claves para la sostenibilidad social y empresarial*. IESE Business School & Eurofirms.

Lee, A., Willis, S., y Tian, A. W. (2018, 2 marzo). When empowering employees works, and when it doesn't. *Harvard Business Review*. https://hbr.org/2018/03/when-empowering-employees-works-and-when-it-doesn't.

McKinsey (2020). *Beyond hiring: How companies are reskilling to address talent gaps*. McKinsey & Company. https://www.mckinsey.com/business-functions/people-and-organizational-performance/our-insights/beyond-hiring-how-companies-are-reskilling-to-address-talent-gaps.

McKinsey (2020). *Diversity wins. How inclusion matters*. McKinsey & Company. https://www.mckinsey.com/~/media/McKinsey/Featured%20Insights/Diversity%20and%20Inclusion/Diversity%20wins%20How%20inclusion%20matters/

McKinsey (2021). *How can companies make hybrid work a success?* Mckinsey.com; McKinsey & Company. https://www.mckinsey.com/business-functions/people-and-organizational-performance/our-insights/five-fifty-hybridized.

Llopis, J., y Ricart, J. E. (2013). *Qué hacen los buenos directivos: el reto del siglo XXI*. Pearson Educación.

Llopis, J. (2022). *La dirección general en la era de la hiperconectividad: las nuevas coordenadas.* [Tesis de Doctorado, Universitat Ramon Llull].

McKinsey (2012). *The state of human capital 2012. Why the human capital function still has far to go.* McKinsey & Company.

Mintzberg, H. (1990). The manager's job: folklore and fact. *Harvard Business Review.* Marzo-abril 1990.

Mintzberg, H. (1994). *The rise and fall of strategic planning.* Free Press.

Mintzberg, H. (2004). *Managers, not MBAs. A hard look to the soft practice of managing and management development.* Berret-Koehler.

Moss-Kanter, R. (1989). The new managerial work. *Harvard Business Review.* Noviembre-diciembre 1989.

Nonaka, I. (1994). A dynamic theory of organizational knowledge creation. *Organization Science, 5*(1), 14-37. https://doi.org/10.1287/orsc.5.1.14.

O'Brien, D., Main, A., Kounkel, S., y Stephan, A. R. (2019). *Purpose is everything.* Deloitte. https://www2.deloitte.com/us/en/insights/topics/marketing-and-sales-operations/global-marketing-trends/2020/purpose-driven-companies.html.

Ouchi, W. G. (1982). *Theory Z: how American business can meet the Japanese challenge.* Avon.

Pérez López, J. A. (1993). *Fundamentos de la dirección de empresas.* Rialp.

Peters, T. J., y Waterman, R. H. (1982). *In search of excellence: lessons from America's best-run companies.* London Profile Books.

Pfeffer, J., y Jeffrey, P. (1998). *The human equation: building profits by putting people first.* Harvard Business Press.

Porter, M. E., y Kramer, M. R. (2011). Creating shared value. *Harvard Business Review.* Enero-febrero 2011.

Porter, M. E., y Nohria, N. (2018). How CEOs manage time. *Harvard Business Review.* Julio-agosto 2018.

Ricart, J. E. (1992). *Organization design: The intellectual heritage.* IESE DGN-478-E. IESE Business School.

Ricart, J. E., Llopis, J., y Pastoriza, D. (2007). *Yo dirijo. La dirección del siglo XXI según sus protagonistas.* Deusto.

Robison, J. (2020, 13 noviembre). *Will millennials finally get the workplace they want?* https://www.gallup.com/workplace/324218/millennials-finally-workplace.aspx.

Salesforce (2021). *Millennials vs. Generación Z. ¿En qué se diferencian?* https://www.salesforce.com/es/blog/2021/07/millennials_vs_generacion_z.html.

Salo, O. (2017). *How to create an agile organization.* McKinsey & Company. https://www.mckinsey.com/business-functions/people-and-organizational-performance/our-insights/how-to-create-an-agile-organization.

Schwab, K. (2019, 2 diciembre). *Manifiesto de Davos 2020: El propósito universal de las empresas en la Cuarta Revolución Industrial.* World Economic Forum. https://es.weforum.org/agenda/2019/12/manifiesto-de-davos-2020-el-pro-posito-universal-de-las-empresas-en-la-cuarta-revolucion-industrial/.

Senge, P. M. (1990). *The fifth discipline: the art and practice of the learning organization.* Doubleday/Currency.

Stein, G., y Martin, M. (2016). Cinco prácticas que atraerán a los "millennials." *IESE Insight* n.º 31, 4.º trimestre 2016.

Unilever (2018). *Unilever's Sustainable Living Plan continues to fuel growth.* https://www.unilever.com/news/press-and-media/press-releases/2018/uni-levers-sustainable-living-plan-continues-to-fuel-growth/.

Wartzman, R. (2014, 16 octubre). What Peter Drucker knew about 2020. *Harvard Business Review.* https://hbr.org/2014/10/what-peter-drucker-knew-about-2020.

World Economic Forum (2020). *The future of jobs report.* https://www.weforum.org/reports/the-future-of-jobs-report-2020.

Zenger, J., y Folkman, J. (2019). *How developing a coaching culture pays off.* https://zengerfolkman.com/wp-content/uploads/2019/05/How-Develo-ping-a-Coaching-Culture-Pays-Off-LRC.pdf.

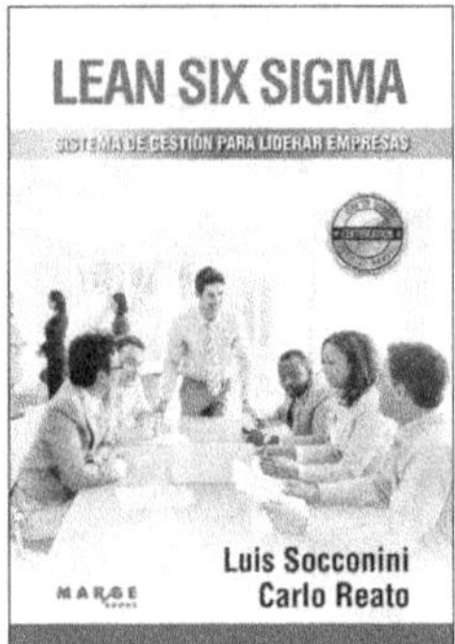

Lean Six Sigma. Sistema de gestión para liderar empresas

Luis Socconini, Carlo Reato

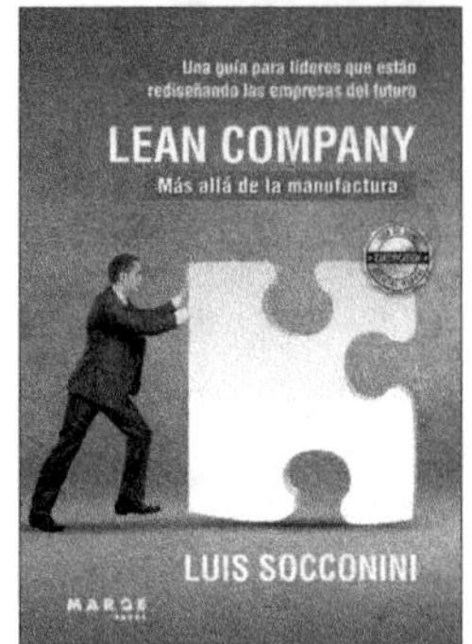

Lean Company. Más allá de la manufactura

Luis Socconini

Lean Six Sigma Green Belt, paso a paso

Luis Socconini, Eduardo Escobedo

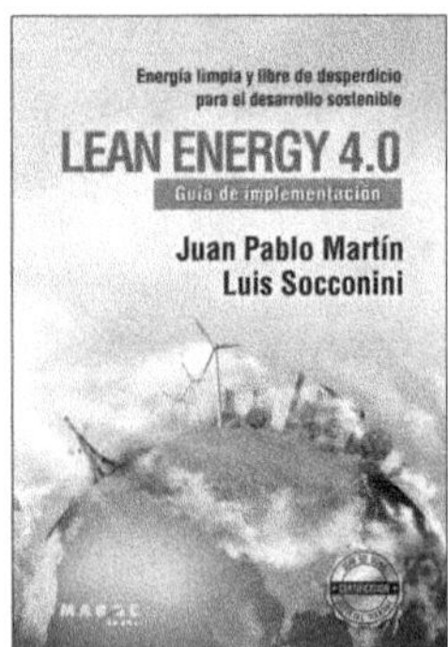

Lean Energy 4.0. Guía de Implementación

Luis Socconini, Juan Pablo Martín

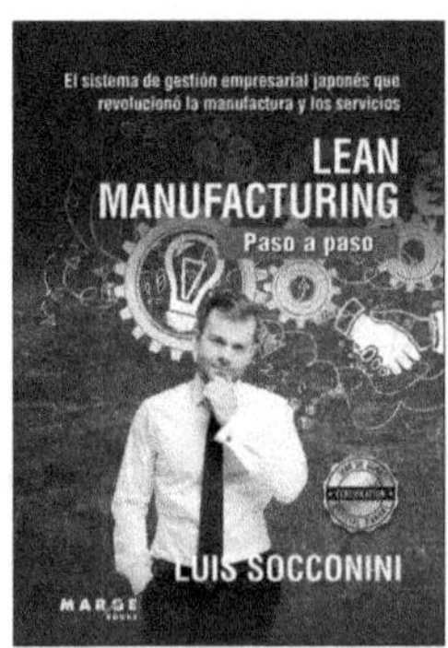

Lean Manufacturing. Paso a paso

Luis Socconini

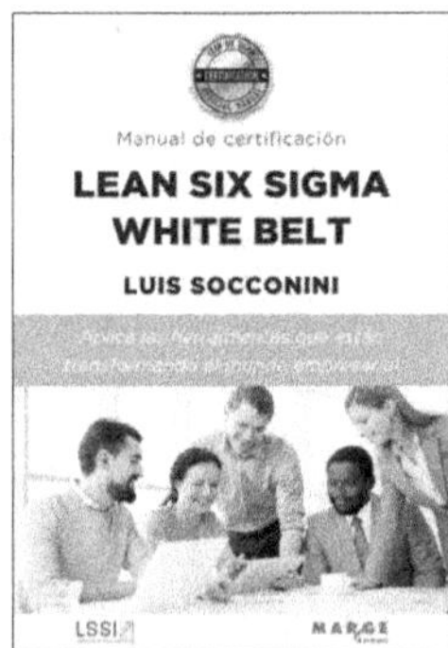

Lean Six Sigma White Belt. Manual de certificación

Luis Socconini

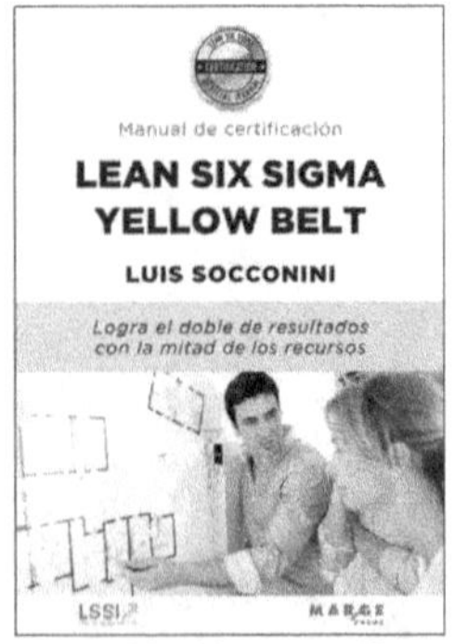

Lean Six Sigma Yellow Belt. Manual de certificación

Luis Socconini

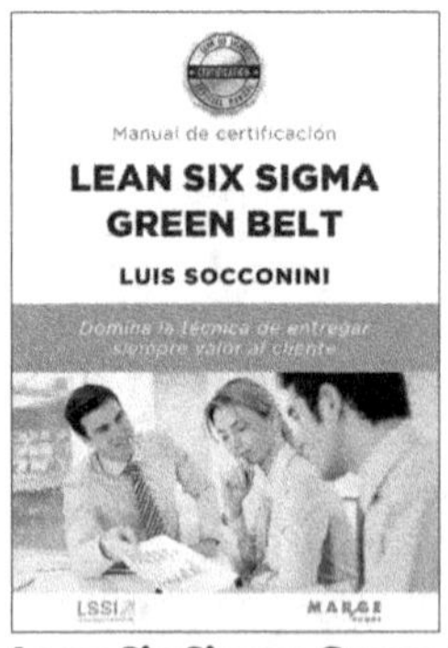

Lean Six Sigma Green Belt. Manual de certificación

Luis Socconini

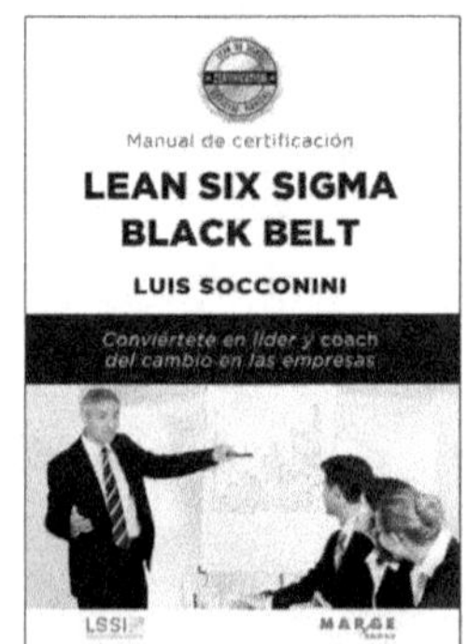

Lean Six Sigma Black Belt. Manual de certificación

Luis Socconini

**Estrategia = Ejecución.
El método para mejorar,
renovar e innovar
en la era digital**

Jacques Pijl

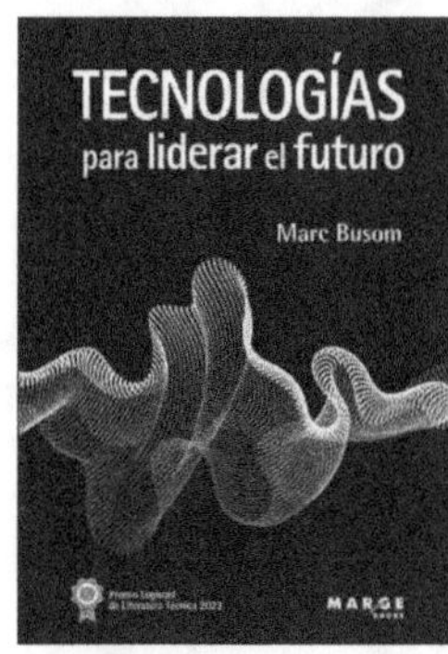

**Tecnologías para liderar
el futuro**

Marc Busom

**Economía circular.
Un enfoque práctico para
transformar los modelos
empresariales**

Rozanne Henzen, Ed Weenk

**Manual práctico de las 5'S
para ganar en calidad
y productividad**

Luis Socconini, Marco Barrantes

**Cómo gestionar la cadena
de suministo**

Ed Weenk

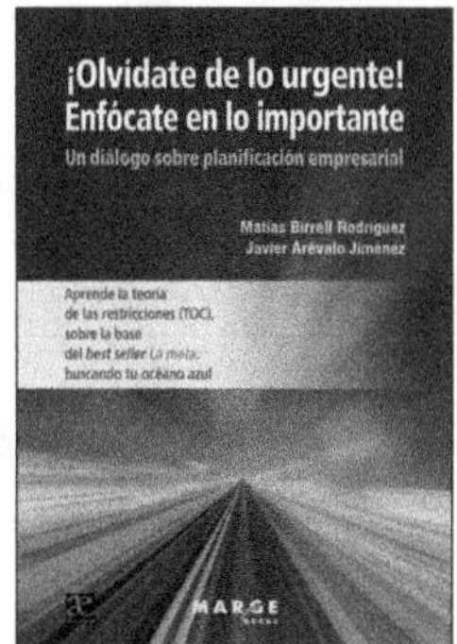

**¡Olvídate de lo urgente!
Enfócate en lo importante**

*Matías Birrell Rodríguez,
Javier Arévalo Jiménez*

**Sincronización y sinergia
empresarial**

Matías Birrell Rodríguez

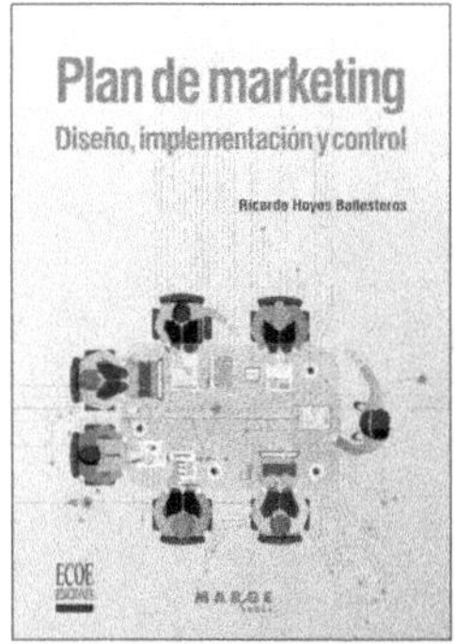

**Plan de marketing. Diseño,
implementación y control**

Ricardo Hoyos Ballesteros

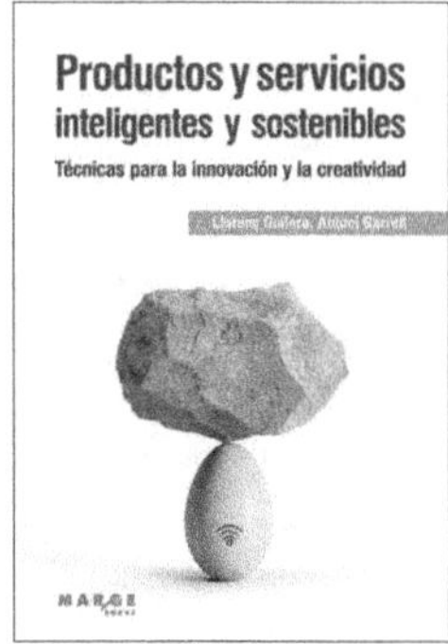

**Productos y servicios
inteligentes y sostenibles**

Llorenç Guilera, Antoni Garrell

Tel. +34-931 429 486 – marge@margebooks.com – www.margebooks.com